Histórias que o Chefe Nunca Conta...

CARO LEITOR,

Queremos saber sua opinião sobre nossos livros.
Após sua leitura, acesse nosso *site* (www.editoragente.com.br),
cadastre-se e contribua com sugestões, críticas ou elogios.

Boa leitura!

Juan Mateo

Histórias que o Chefe Nunca Conta...

Conselhos para evitar sobressaltos e triunfar na carreira

Tradução:
Thelma Guimarães

Editora Gente

Diretor-Geral
Henrique José Branco Brazão Farinha
Gerente Editorial
Eduardo Viegas Meirelles Villela
Editor-Assistente
Cláudia Elissa Rondelli
Editor de Desenvolvimento de Texto
Juliana Nogueira Luiz
Editor de Produção Editorial
Rosângela de Araujo Pinheiro Barbosa
Copidesque
Sandra Silva
Preparação de Texto
Adriane Gozzo
Projeto Gráfico
Matilde Hernando
Ilustrações
Alejandro Decinti
Editoração
Join Bureau
Capa
Designing
Revisão
Veridiana Maenaka
Tradução
Thelma Guimarães
Impressão
Paulus Gráfica

Título original: *Cuentos que mi jefe nunca me contó*

Rua Pedro Soares de Almeida, 114
São Paulo, SP – CEP 05029-030
Telefone: (11) 3670-2500
Site: http://www.editoragente.com.br
E-mail: gente@editoragente.com.br

Dados Internacionais de Catalogação na Publicação (CIP)
(Câmara Brasileira do Livro, SP, Brasil)

Mateo, Juan
Histórias que o chefe nunca conta... : conselhos para evitar sobressaltos e triunfar na carreira / Juan Mateo ; tradução Thelma Guimarães. – São Paulo : Editora Gente, 2009.

Título original: Cuentos que mi jefe nunca me contó.
ISBN 978-85-7312-629-7

1. Carreira profissional – Desenvolvimento 2. Carreira profissional – Mudanças 3. Realização pessoal 4. Satisfação no trabalho 5. Sucesso profissional I. Título.

08-12330 CDD-650.14

Índices para catálogo sistemático:

1. Carreira profissional : Desenvolvimento : Administração 650.14
2. Carreira profissional : Sucesso : Administração 650.14

Sumário

Uma das qualidades que chamam a atenção em Juan Mateo, como pessoa e como profissional da consultoria e da formação, são sua memória e facilidade inatas para contar histórias, anedotas e contos. Sempre que o faz, prende minha atenção e desperta minha curiosidade. Por conta de seu tato e sentido de oportunidade, tenho a garantia de um relato interessante e de uma valiosa conclusão a extrair para minha vida e carreira profissional. Neste livro, com o objetivo de compartilhar seus pensamentos e inquietações sobre o ofício de administrar, Juan Mateo usa e abusa desse dom. Graças ao formato escolhido, o leitor sai ganhando. Nos contos e ensinamentos que o autor mistura com desenvoltura e critério, harmonizam-se reflexão e diversão, dois vocábulos tradicionalmente contrapostos em tantos fóruns e tribunas. Juan Mateo quer que o leitor pare, aquiete-se e medite, e para isso o remete ao mundo dos contos e das fábulas infantis, onde viver é sonhar.

Por essa razão, o livro exala serenidade e bom humor, valores raros em uma sociedade alarmista e tensa. Foi de uma ponte misteriosa, unindo duas margens felizmente condenadas a respeitar-se e entender-se — a lógica e a imaginação —, que o autor escreveu sua obra. Nela se misturam e interrogam mutuamente a experiência e o conhecimento do profissional curtido em mil batalhas, com os sonhos e desejos mais íntimos do menino que carrega dentro de si.

Uma forma alternativa e criativa de observar a realidade, questionando paradigmas decadentes, a necessidade de unir exigência e afeto (uma sem o outro é voz paralisante), a capacidade de oferecer uma resposta sábia e rápida aos momentos difíceis que a vida inevitavelmente impõe, o desafio de desaprender velhos hábitos e costumes arraigados no tempo, a necessidade de sonhar acordado com os pés no chão, de ter uma visão iluminadora, são alguns dos desafios e conceitos que pontuam o texto. Destacaria o capítulo sobre trabalho em equipe, disciplina pendente para tantas e tantas empresas e para tantas e tantas pessoas. Ou pecamos pelo individualismo narcisista e suicida, ou nos dedicamos a uma clonagem grupal que subtrai em vez de somar. O autor almeja ver equipes coesas, que não sufoquem o gênio e o talento que existem em cada membro. A propósito disso, a inveja é analisada com ironia e elegância. Seus contrários, a humildade e o afã de servir, a compreensão e a tolerância diante do erro alheio, a perseverança e a disciplina no treinamento, são convicções que o autor resgata e propõe por meio de contos que caem como uma luva em cada situação.

Por trás da sua linha argumentativa, está o desafio de uma liderança em permanente renovação, que repousa sobre a responsabilidade e liberdade do ser humano, genuína e inimitável em sua singularidade, e que se articula em torno de valores edificantes e inegociáveis. Definitivamente, você tem em mãos, querido leitor, um livro agradável, ameno, fácil de ler, que às vezes o fará meditar e refletir sobre outras formas de trabalhar e viver. Agora vou deixá-lo com o autor, para que conversem à vontade ao calor de histórias estimulantes.

SANTIAGO ÁLVAREZ DE MON
Professor e consultor empresarial espanhol

Há muitos anos tento ser um bom professor. Suponho que seja um desafio quase impossível de ser cumprido, pois a dificuldade da tarefa é muito maior do que imaginei, quando, aos 18 anos, ministrei minha primeira aula.

Apesar disso, posso dizer que esse nobre ofício me deu a possibilidade de ser um dos poucos afortunados cujo trabalho é, igualmente, uma paixão. Não sei se é herança genética ou uma vocação estritamente pessoal, mas o fato é que essa tarefa preencheu — e espero que continue preenchendo — minha vida profissional.

Também tenho consciência de que minha situação não é igual à de muitos outros professores, maltratados social e economicamente — cujas dores, aliás, gostaria de tomar, pois sempre achei que um país que se exime de cuidar das pessoas dedicadas a ensinar é um país condenado ao fracasso.

Nenhum de nós (refiro-me aos que nos dedicamos ao ensino por vocação) busca reconhecimento econômico, posso assegurar. No entanto, creio que seria um ato de justiça começar a dar um tratamento socialmente adequado a tantos e tantos professores que dia a dia cumprem a tarefa de educar nossos filhos em condições nada favoráveis, o que supõe um esforço muitas vezes sobre-humano.

Proponho-lhes recuperar a palavra **mestre** para definir aqueles que nos ensinam e educam. Mais ainda, vamos atribuir a esse título o respeito e a dignidade que merece.

Com meus mestres aprendi, muitas vezes sem querer, que, se há algo importante em nosso ofício, é conseguir que os alunos se divirtam enquanto aprendem... para que aprendam.

A primeira lição quem me deu foi o irmão Alejandro, um magnífico professor do colégio dos irmãos maristas: conseguiu que, com nada mais que 7 anos, eu visse a História como um passatempo divertido, com o relato de *contos* históricos que inventava e que nos deleitavam, fazendo com que víssemos a importância daquilo.

Aqueles contos ficaram gravados na minha memória, e hoje, 41 anos depois, sou capaz de recordar muitos deles.

Aquela experiência marcou, em certa medida, minha paixão por contar a meus alunos contos e histórias que facilitem sua aprendizagem dos conceitos que tento explicar.

Este livro é uma pequena coletânea de algumas dessas histórias ou contos que narrei em inúmeras ocasiões e que, com o tempo, demonstraram grande eficácia pedagógica. Em muitas ocasiões, as pessoas que assistiram aos meus cursos me relataram, posteriormente, a utilidade que essas histórias tiveram para elas.

Desconheço a procedência exata da maioria desses contos. Alguns foram localizados em coletâneas de antigos contos orientais e muitos outros me foram brindados por amigos ou alunos que conhecem minha paixão. Em todo caso, peço desculpas de antemão por não poder citar seus autores genuínos.

Minha única esperança, em última instância, é fazê-los passar momentos agradáveis, enquanto, talvez, consigo lhes transmitir alguns conceitos úteis. Asseguro que em nenhum momento pretendi que este livro fosse uma lição de nada em particular, já que, como dizia um grande mestre, *as lições nunca são ensinadas, mas aprendidas*.

Obrigado pela confiança.

A Mati,
que fez da minha vida
uma história maravilhosa.

1. Os Pontos de Vista

Um tempo atrás, estava dando um curso a um grupo de altos executivos. Segundo a empresa a que pertenciam, eles precisavam se aprofundar em temas como *liderança, trabalho em equipe, motivação* etc. Estávamos havia horas empenhados naquele esforço, quando me dei conta de que as discussões que surgiam costumavam colocar cada "adversário" em posicionamentos muito inflexíveis, de forma que, em vez de um diálogo para encontrar soluções, tínhamos dois monólogos, cada um incapaz de escutar o raciocínio da outra parte. Em determinado momento, uma dessas discussões subiu de tom, por culpa, mais uma vez, da intransigência dos que discutiam, já que se negavam a admitir o que o outro propunha. Esperei alguns instantes para ver se eram capazes de chegar a uma conclusão, mas, como quase sempre ocorre nesses casos, a emoção vence a razão, e os posicionamentos, em vez de se aproximarem, distanciavam-se cada vez mais.

Tudo bem, disse a eles, vou lhes contar uma história que nos permitirá determinar quem tem razão. Essa fórmula sempre funciona, pois não existe nada que nos agrade mais do que "vencer" o outro... E ainda mais se o fizermos diante dos colegas.

Os Limpadores de Chaminé

Uma tarde, quando o anoitecer começava a visitar o dia, um rabino rezava sozinho sentado em um banco da sinagoga.

Tão concentrado estava em suas preces que não percebeu a entrada de um jovem, que, em silêncio, foi lentamente se aproximando.

O jovem, cuja idade girava em torno dos 16 anos, postou-se atrás do ancião, tentando chamar sua atenção. Passados vários minutos, e vendo que o rabino continuava totalmente concentrado na prece, o jovem se aproximou, colocando-se desta vez diante dele.

— Rabino, desculpe, boa tarde.

O rabino, surpreso, levantou a cabeça, tirou os óculos e respondeu:

— Boa tarde, filho. O que deseja?

— Gostaria de falar com o senhor... Se tiver tempo e não for incomodá-lo.

O jovem falava com respeito, embora seu tom de voz e sua atitude demonstrassem a decisão e urgência típicas dessa idade, em que as respostas têm de ser imediatas.

— Pode falar — apressou-o o rabino —, meu tempo é de quem necessita.

— Rabino — disse o jovem em um tom mais sério que o inicial —, vim vê-lo porque quero ser judeu.

Antes que pudesse continuar, o rabino interrompeu:

— Isso me parece uma boa ideia, jovenzinho, mas antes de mais nada deixe-me perguntar por que você quer ser judeu, qual razão o levou a tomar essa decisão.

— É muito simples, rabino: todos os judeus que conheço são ricos, e quero ser rico. Por isso pensei que, se aprendesse o Talmude, encontraria a resposta para conseguir meu objetivo.

O rabino esfregou os olhos, acomodou-se em seu banco e bateu com a palma da mão suavemente no banco ao lado, convidando o jovem a se sentar. A conversa seria longa.

— Veja, filho, quero que me escute com atenção. Ser judeu é algo muito diferente do que você está descrevendo. Ser judeu é uma religião, uma filosofia de vida, uma maneira de encarar o futuro que está além da nossa existência.

O jovem gesticulou mostrando discordância e impaciência. Era como se já soubesse de antemão que o rabino não iria entendê-lo.

— Veja, rabino — disse o jovem com certa altivez —, se o senhor não quer me ensinar o Talmude e me preparar para ser judeu, tudo bem. É melhor eu buscar outra sinagoga, onde o rabino seja mais benevolente...

Enquanto falava, levantou-se, estendeu a mão ao ancião e se despediu:

— Obrigado, rabino. Adeus.

O rabino o seguiu com o olhar enquanto ele caminhava até a saída, pensando no erro que aquele rapaz ia cometer. Estava gravemente equivocado. Aquele raciocínio era um erro que lhe custaria muito caro na vida.

— Espere! — gritou o rabino no momento em que o jovem abria a porta para sair. — Eu lhe proponho um acordo!

O jovem girou sobre os calcanhares e, de imediato, caminhou ao encontro do rabino. Uma vez juntos, voltaram a se sentar, e o rabino lhe disse:

— Não quero que você se vá assim. Como lhe expliquei, estou a serviço dos demais e não me agrada... — Ficou pensativo por um instante. — Por isso lhe proponho que cheguemos a um acordo.

— Que acordo?

— Você logo verá — continuou o rabino. — Vou lhe fazer quatro perguntas. Garanto que nenhuma delas apresenta dificuldade técnica ou conceitual que você não possa resolver. Quer dizer, são perguntas fáceis, para as quais está perfeitamente preparado.

O jovem o escutava atentamente e em seus olhos se via a necessidade de que o rabino dissesse com rapidez qual era o acordo.

— Se você acertar a resposta de pelo menos uma das quatro perguntas — disse o rabino olhando fixamente para o jovem —, prometo que lhe ensinarei o Talmude. Mas, se você não for capaz de acertar nenhuma, vai ter de me jurar que abandonará a ideia de ser judeu.

O rabino estendeu a mão ao jovem para que, em um gesto de honra, se comprometesse com o acordo.

O jovem imediatamente apertou a mão do rabino e este começou as perguntas.

— Muito bem, quero que você se concentre e responda somente quando estiver preparado. Utilize todo o tempo de que necessitar. Está preparado?

— Sim, rabino, quando o senhor quiser — respondeu o jovem enquanto se acomodava no banco num gesto de nervosismo.

— A primeira pergunta é a seguinte: dois limpadores de chaminé judeus estão limpando uma chaminé e caem pelo buraco. Quando saem, um está limpo, e o outro, sujo. A pergunta é: qual dos dois vai se lavar?

O jovem olhou para o rabino com um misto de ceticismo e segurança. A resposta não apenas era óbvia como muito fácil.

— Rabino — respondeu —, é evidente que é aquele que está sujo.

— Não é, não, meu amigo — corrigiu o rabino, abrindo um sorriso maroto —, porque, sob o ponto de vista da ***realidade****, o que aconteceria é que o que está sujo olharia para o limpo e pensaria: "não me sujei". Entretanto, o que está limpo olharia para o que está sujo e pensaria: "me sujei". Por isso quem se lavaria seria o que está* ***limpo****.*

O jovem lançou um olhar incrédulo ao ancião, mas não se atreveu a contradizê-lo. Ainda lhe restavam três oportunidades.

— Se você diz, rabino... — assentiu o jovem.

— Bem, continuemos. A segunda pergunta é a seguinte: dois limpadores de chaminé judeus estão limpando uma chaminé e caem pelo buraco. Quando saem, um está limpo, e o outro, sujo. Qual dos dois vai se lavar?

O rapaz olhou para ele com cara de quem não sabia muito bem o que estava acontecendo: não sabia se devia responder, dizer ao rabino que parasse de zombar dele ou simplesmente ir embora e procurar outro rabino. O problema é que havia feito uma promessa e precisava cumpri-la. Assim, decidiu responder.

— De acordo com o que o senhor acabou de me dizer, quem vai se lavar é o que está limpo.

— Não, senhor — alfinetou o rabino, encarando-o —, porque, sob o ponto de vista da ***verdade****, o que aconteceria é que o que está limpo olharia para si mesmo e diria: "não me sujei". O que está sujo olharia para si mesmo e diria: "me sujei". Logo, quem se lavaria seria o que está sujo.*

— Muito bem, rabino, se você diz... — O rapaz já não sabia o que fazer nem o que dizer, mas a curiosidade o animava a continuar o jogo.

— Vamos ver, filho, você deve se concentrar na pergunta e pensar antes de responder. Você já perdeu metade das oportunidades, por isso não se distraia — pediu o rabino num tom suave e paternalista.

— Sim, sim, rabino, não se preocupe — e murmurou baixinho —, agora você não me pega mais...

— Está bem, vamos passar à terceira pergunta: dois limpadores de chaminé judeus estão limpando uma chaminé e caem pelo buraco. Um sai limpo, e o outro, sujo. Qual dos dois vai se lavar?

O rapaz abre um sorriso e responde rápido:

— Está muito claro, rabino. Uma vez o limpo e outra vez o sujo.

O rabino levantou as sobrancelhas e negou com a cabeça.

— Não, senhor. Sob o ponto de vista ***metafísico****, é impossível que duas pessoas que tenham caído pelo mesmo buraco saiam*

uma limpa e a outra suja. Ou saem os dois limpos, ou saem os dois sujos. Logo, essa situação é impossível.

— Como você quiser, rabino... Se você diz. — O desespero do rapaz ia crescendo a galope.

— Resta-lhe a última oportunidade — recordou o rabino com certo sarcasmo —, e você já sabe o que me prometeu: se não acertar nenhuma pergunta, vai abandonar a ideia de ser judeu.

— Sim, sim, rabino, eu me lembro perfeitamente, não se preocupe.

— Muito bem, a quarta e última pergunta. Dois limpadores de chaminé judeus estão limpando uma chaminé e caem pelo buraco. Um sai limpo, e o outro, sujo. Qual dos dois vai se lavar?

— Veja, rabino, está muito claro. Sob o ponto de vista da realidade: o limpo. Sob o ponto de vista da verdade: o sujo. E, sob o ponto de vista metafísico, temos de dizer que a situação é impossível, portanto não tem solução.

O rosto do rapaz refletia a sensação de triunfo e desafio ao mestre, algo assim como: "Agora vamos ver o que você me diz..."

— Meu filho — suspirou o rabino —, você não entendeu absolutamente nada, porque, de acordo com suas ideias, você nunca verá dois judeus que sejam limpadores de chaminé.

Os dois executivos que haviam discutido sorriram (na verdade, todos o fizeram), mas seu rosto clamava por uma explicação. O que aquela história tinha a ver com liderança?

— Vocês não entenderam nada — eu lhes disse.

— A história é muito boa, mas o que tem a ver com o que estamos falando? — perguntou um deles.

— Está bem, vou lhes contar outra e veremos se, a partir das duas, vocês são capazes de tirar alguma conclusão — propus, enquanto a maioria se recostava na cadeira à espera do que eu ia contar.

Problemas de Casal

Um casal de judeus procurou um rabino em busca de conselho para tentar solucionar suas constantes discussões.

— Muito bem — assentiu o rabino —, primeiro quero que a senhora me conte sua versão do problema.

O rabino escutou atentamente e, quando a mulher terminou, disse:

— Sabe o que lhe digo? Que a senhora tem toda a razão do mundo.

O marido ficou boquiaberto. Não havia lhe perguntado nada. No entanto, o rabino se voltou a ele e pediu que, por favor, contasse agora sua versão. De novo, o rabino escutou com atenção o relato do homem. Quando terminou, o rabino confessou:

— Sabe o que lhe digo? Que o senhor tem toda a razão do mundo.

Ainda mais perplexo, o marido se voltou ao rabino e disse:

— Perdão, rabino, com todo o respeito, mas isso não pode ser assim. Ou eu tenho toda a razão do mundo, ou ela tem toda a razão do mundo, mas os dois ao mesmo tempo é impossível.

O rabino olhou para ele e concordou:

— O senhor tem toda a razão do mundo.

Todos sorriram ao ouvir o final. Fiquei olhando para eles enquanto solicitava um comentário. Ao cabo de alguns segundos, o diretor de recursos humanos levantou a mão e disse:

— Creio que está claro, Juan. O que você está querendo nos dizer é que já faz algumas horas que está tentando nos fazer refletir sobre os temas propostos, e nós temos nos empenhado em fazer exatamente o oposto. Em vez de escutar outros **pontos de vista** e com isso ver o que podemos aproveitar e aprender, a única coisa que queremos é **ter razão** a todo custo, impondo nosso ponto de vista como o único possível. Enfim, somos como o rapaz da primeira história.

— Exatamente — disse eu. — Você não acha que, muitas vezes, no nosso dia-a-dia, adotamos esse comportamento e por isso avançamos menos do que poderíamos?

Todos concordaram enquanto olhavam para mim, sem se entreolhar.

Fui até minha caderneta e pedi que me apontassem quais conclusões deveríamos, portanto, sempre levar em conta para aplicar em nosso comportamento. O resultado foi o seguinte:

1. A MELHOR FORMA DE RESOLVER UM PROBLEMA É CONSIDERÁ-LO SOB TODOS OS PONTOS DE VISTA, POR MAIS DISTANTES QUE ESTEJAM DO NOSSO.

2. ESCUTAR OUTROS PONTOS DE VISTA - E COMPREENDÊ-LOS - NOS PERMITE TOMAR DECISÕES MAIS EFICAZES..

3. NOS CONFLITOS NÃO COSTUMA HAVER UMA ÚNICA RAZÃO. EXISTEM RAZÕES QUE DEVEMOS COMPREENDER PARA CHEGAR A UM ACORDO.

4. NOSSA CAPACIDADE PARA ADMINISTRAR DEPENDE, EM GRANDE MEDIDA, DE TODOS OS PONTOS ANTERIORES..

2. Criatividade

Certa época, eu estava trabalhando em uma multinacional de consultoria e tinha sob minha responsabilidade um grupo de jovenzinhos que acabara de entrar na empresa. Estávamos imersos em um projeto que nos exigia alto grau de criatividade, mas a verdade é que não estávamos sendo especialmente criativos.

Numa tarde, convoquei todos à minha sala para ver o que podíamos fazer.

— Rapazes — eu disse —, temos um problema. O cliente quer uma coisa que não somos capazes de fornecer.

— Já sabemos disso, Juan — esclareceu Pablo —, mas ele só vai aceitar se o que lhe dermos for totalmente novo, e isso é muito difícil. Somos consultores, não publicitários.

— Ou será que na verdade não estamos colocando nossa capacidade criativa para funcionar? — perguntei.

Os rapazes me observavam, num misto de espanto e submissão.

— Acontece que — respondeu Ricardo — para ser criativo é preciso nascer criativo.

— Deixem-me lhes contar uma história.

No olhar deles, via-se o desejo de ali encontrar a solução de que precisavam e livrar-se da enorme preocupação que lhes pesava sobre os ombros.

O BARÔMETRO

Era sua última prova e, se passasse, a universidade seria seu próximo destino. Este último ano do colégio não tinha sido muito complicado. É verdade que tinha estudado, mas sua fama e boa imagem tinham-lhe facilitado bastante a vida. E assim lá estava ele, à porta da sala esperando que o professor de Física lhe permitisse entrar para fazer a última prova. Teria preferido que o exame fosse escrito, mas o "Quatro-Olhos" — assim era conhecido no colégio o professor Ricardo — sempre tinha de ser diferente dos outros.

— Pablo! — gritaram de dentro da sala.

Pablo se levantou, abraçou-se à sua pasta e entrou na sala.

— Boa tarde — cumprimentou Pablo.

— Uma boa e alegre tarde! — respondeu o professor Ricardo, com aquele tom de ironia que lhe era típico.

Pablo se colocou diante da mesa que o professor ocupava, à espera de instruções para fazer a prova de Física e, enfim, galgar o último degrau.

— Bem, senhor Pablo, como vai você? Está tranquilo, relaxado...?

— Sim, sim, não se preocupe, professor. Quando o senhor quiser, podemos começar.

— Muito bem, comecemos — continuou o professor. — A pergunta é a seguinte: diga-me como você mediria a altura do edifício

Torre Picasso... você sabe qual é, aquele que fica em Madri, no centro empresarial Azca...

— Sim, professor, sei perfeitamente qual é.

— Pois bem. Repito: diga-me como você mediria a altura daquele edifício com um barômetro.

Pablo ficou pensativo; via-se que seu cérebro estava em plena ebulição, em busca da resposta correta.

— É muito fácil! — respondeu de repente.

— Ótimo — incentivou-o o professor, abrindo um sorriso. — Diga-me, por favor.

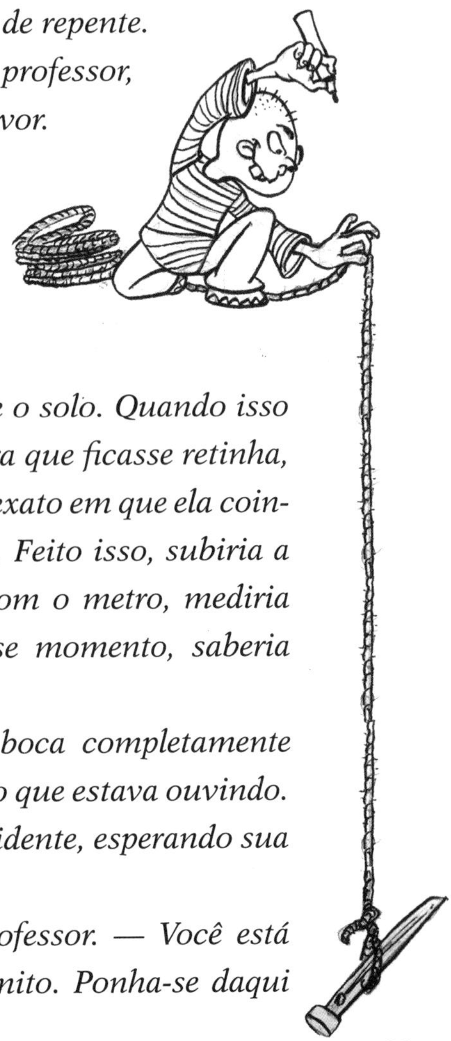

— Veja, professor, eu subiria até a parte mais alta da torre com uma corda, um marca-textos, um metro e um barômetro. Lá em cima, amarraria o barômetro na corda e iria baixando-o até que tocasse o solo. Quando isso acontecesse, esticaria bem a corda, para que ficasse retinha, e marcaria com o marca-texto o ponto exato em que ela coincidisse com a aresta onde eu estivesse. Feito isso, subiria a corda, desamarraria o barômetro e, com o metro, mediria quanto de corda utilizei; assim, nesse momento, saberia quanto mede a Torre Picasso.

O professor Ricardo, com a boca completamente aberta, olhava para ele sem acreditar no que estava ouvindo. Enquanto isso, Pablo o observava sorridente, esperando sua aprovação...

— Ora, Pablo! — rugiu o professor. — Você está zombando de mim, e isso eu não admito. Ponha-se daqui

para fora agora mesmo! Você está suspenso e ainda vou pensar se poderá fazer a prova no próximo período. Fora daqui! — gritou o professor, apontando-lhe com o dedo indicador a saída da sala.

Pablo olhou para ele desconcertado, mas não se atreveu a contestar. Sentia que o professor não estava para brincadeiras.

Apesar disso, quando já tinha atravessado a porta e caminhava pelo corredor, pensou que aquilo era uma completa injustiça. "Medi a altura do edifício e, além disso, utilizei um barômetro; logo, minha resposta está correta. Outra coisa é o cara não gostar da forma como a apresentei... um tanto peculiar, é verdade, mas ele não me disse nada quanto à maneira de fazê-lo..."

Enquanto pensava nisso, avistou ao final do corredor o senhor José, o diretor do colégio, com quem mantinha excelente relação. José admirava muito Pablo por suas boas notas e seu comportamento exemplar.

— Senhor José, senhor José! — gritou Pablo, começando a correr pelo corredor.

O diretor, que naquele momento falava com outro professor, virou a cabeça e ao ver Pablo sorriu, enquanto lhe fazia um sinal para que se aproximasse.

— Oi, Pablo! — cumprimentou-o com um tapinha nas costas. — Como vai? Você parece um pouco nervoso.

Pablo contou ao diretor o ocorrido na prova de Física e como lhe parecia injusta essa suspensão, ainda mais sendo seu último exame, e que isso lhe tirava a possibilidade de se matricular na universidade.

— Espere-me aqui — pediu o diretor. — Volto já.

O diretor foi atrás do professor de Física, para ver como podia resolver aquela situação.

— Ricardo, ouça-me. Você sabe como eles são nessa idade — disse em tom paciente ao irritado professor —, mas também sabe que Pablo é um aluno muito bom. É sua última prova e, se você o suspender, vai lhe causar um enorme transtorno...

Custou a José convencer Ricardo, mas por fim este cedeu. Consentiu em aplicar imediatamente outra prova ao rapaz, porém dessa vez com o diretor presente.

Chamaram Pablo e se reuniram os três na sala.

— Vamos ver, Pablo, vou lhe fazer a mesma pergunta de antes. Como você pode medir a altura do edifício Torre Picasso com um barômetro? — O professor olhou-o fixamente, como o desafiando para ver se se atrevia a dizer outra "besteira".

— Enfim, professor, se o senhor quer que eu lhe dê a resposta clássica e habitual, eu lhe darei. É muito fácil: subo ao topo do edifício e meço a pressão com o barômetro, em seguida desço à rua e torno a medir a pressão. Então, pela diferença entre as pressões medidas, posso calcular a altura do edifício.

— Mas, Pablo — perguntou o diretor —, se você sabia a resposta, por que não disse antes?

— É evidente, senhor José: porque ela não é nem a única nem a melhor das respostas...

Os dois, diretor e professor, entreolharam-se cúmplices, certos da audácia daquele aluno.

— Pablo, você não vai embora sem nos dizer ao menos uma dessas respostas tão geniais que diz conhecer — desafiou-o o professor Ricardo enquanto se recostava na cadeira e cruzava os braços.

— Veja, professor. Por exemplo, pego um pedaço de giz e um barômetro. Vou à rua e coloco o barômetro de pé, apoiado na fachada do edifício. Em seguida, marco na parede com o giz o lugar onde termina o barômetro. Volto a colocar o barômetro contra a parede, mas dessa vez com a parte inferior coincidindo com a marca de giz que acabo de fazer, e torno a marcar com giz o lugar onde termina o barômetro. E assim o faço tantas vezes quantas forem necessárias, até chegar ao topo do edifício. Então, multiplico o número de marcas pelo comprimento do barômetro e já sei qual é a altura da torre.

O diretor e o professor já não estavam encostados no espaldar da cadeira com os braços cruzados; agora, tinham os braços sobre a mesa e o olhar muito atento.

— Outro exemplo — continuou Pablo. — Subo ao topo do edifício com um cronômetro e um barômetro. Na mão direita o cronômetro, na esquerda o barômetro. Posiciono-me em uma das arestas, jogo o barômetro e ao mesmo tempo aciono o cronômetro. Quando o barômetro se espatifar no chão, paro o cronômetro. Com a fórmula: h = ½ g t2, posso calcular a altura do edifício.

Os dois professores continuavam boquiabertos enquanto Pablo prosseguia falando.

— Querem outra? — perguntou Pablo.

— Sim, sim, claro — responderam.

— Tudo bem. Coloco-me diante do primeiro degrau da escada principal do edifício — e acrescentou com certo sarcasmo — com o barômetro no bolso, para que não me perturbem. Subo todas as escadarias, multiplico o número de degraus pela distância que há entre eles, desconto o efeito da escada e também já posso saber quanto mede a Torre Picasso.

O diretor e o professor continuavam assombrados, sem saber muito bem o que fazer com aquele rapaz.

— Mas sabem de uma coisa? Nenhuma dessas é a melhor das respostas... — sentenciou Pablo, sorrindo maliciosamente.

— Não? — disseram juntos.

— Não. A melhor das respostas é que eu pegasse o barômetro e fosse até a empresa que construiu a Torre Picasso. Então, para a primeira secretária que passasse eu diria: se você me disser a altura da Torre Picasso, ***ganhará de presente este barômetro.***

— Essa anedota — expliquei, sem lhes dar tempo de reagir — era contada pelo neozelandês Ernest Rutherford, Prêmio Nobel de Química em 1908. O aluno, na verdade, chamava-se Niels Bohr, um físico dinamarquês que foi o Prêmio Nobel de Física em 1922, discípulo e amigo de Rutherford. Eu apenas a modernizei.

— Mas é claro! — exclamou Tito. — Prêmios Nobel!

— Eu sabia que, quando dissesse isso, vocês usariam essa desculpa para esconder o seu problema. Vamos ver — continuei —, vocês podem me dizer por que esse aluno era tão criativo?

— Porque nasceu assim — insistiu Ricardo.

— Não. E não estou querendo dizer que o componente genético não tenha nada a ver. O que é a criatividade? — perguntei.

— Uma forma de pensar — respondeu Pablo.

— Uma forma diferente de pensar — acrescentou Ricardo.

— É isso aí! — eu disse. — Criatividade é a **capacidade de perceber a realidade de uma forma diferente.**

— Ou seja — resumiu Tito —, o que temos que fazer é pensar de maneira diferente do que temos feito até agora.

— Exatamente! — eu disse. — Vocês têm de olhar a realidade com outros olhos, pois somente assim vão conseguir ver as coisas de maneira diferente. Quero que não se esqueçam de uma coisa que diz o Talmude: *as coisas não são como são, mas como somos.*

— O que você quer dizer? — perguntou Pablo.

— Que só vemos o que estamos preparados para ver. Se somos economistas, veremos as coisas de acordo com a maneira como fomos preparados para analisá-las; se somos psicólogos, como psicólogos; se somos engenheiros, como engenheiros...

— Quer dizer que, quanto mais sabemos, quanto mais ampla nossa formação, mais criativos seremos? — indagou Ricardo.

— Não tenha dúvida disso. Aquilo que você não conhece não pode utilizar, e criar algo novo é mesclar nossos conhecimentos de forma diferente da habitual.

A verdade é que eu ficava entusiasmado com aquelas sessões em que eles se comportavam como esponjas, tentando captar tudo o que era dito. Por isso sempre pedia que me apresentassem algumas conclusões. Nesse dia me mostraram as seguintes:

1. PARA CRIAR ALGO NOVO TEMOS DE SER CAPAZES DE ENXERGAR A REALIDADE DE MANEIRA DIFERENTE DA HABITUAL.

2. QUANTO MAIS CONHECIMENTO POSSUIRMOS, MAIOR SERÁ NOSSA CAPACIDADE DE ENCONTRAR FÓRMULAS DIFERENTES DAS USUAIS, POIS TEREMOS MAIOR QUANTIDADE DE ELEMENTOS PARA COMBINAR.

3. SÓ VEMOS O QUE ESTAMOS PREPARADOS PARA VER. POR ISSO O TRABALHO EM EQUIPE, COM PESSOAS DE OUTRAS ÁREAS, MELHORA NOSSA CAPACIDADE CRIATIVA.

3. Exigência

32

Ele havia me telefonado à primeira hora da manhã e deixado um recado na secretária eletrônica. Pedia que telefonasse assim que pudesse. O tom de voz, diferente do usual, me preocupou. Fernando — era esse o nome do meu amigo — era um grande cirurgião e trabalhava em um dos melhores hospitais de Madri. Desde que nos conhecemos, no colégio, sua alegria contagiante e seu senso de humor eram parte inseparável de sua personalidade. No entanto, tinha fama de ser exigente demais com os colaboradores, o que já lhe havia causado alguns problemas.

Combinamos de tomar um aperitivo em uma cafeteria do centro que frequentávamos fazia muitos anos.

Quando o vi entrar, percebi que seu semblante não estava normal; sem dúvida algo o preocupava.

— Como está, rapaz? — sorri.

— Tudo bem, e você? — perguntou enquanto se sentava em um banco e apoiava o braço esquerdo no balcão.

— Melhor que você, creio. Você está com uma cara daquelas...

— Foi por isso que lhe telefonei — disse, enquanto chamava o garçom.

— Bem, então desembuche.

— Nada, cara, é que as enfermeiras da minha equipe pediram transferência. Dizem que já não aguentam mais, que sou exigente demais e que só enxergo os erros, e não as coisas boas.

— E é verdade? — eu disse.

— Lido com a vida de muita gente e acho que tenho o direito de exigir o máximo de toda a minha equipe.

— Parece razoável — respondi.

— Mas não deve ser. Você viu o resultado.

— Posso lhe contar uma história? — perguntei, imaginando o que acontecia com ele.

— E há outro remédio? — disparou sarcasticamente.

O AÇOUGUEIRO E O CACHORRO

Certo dia, um açougueiro estava atendendo seus clientes quando viu um cachorro entrar no açougue. Naturalmente, começou a gritar de trás do balcão para que o cão saísse de imediato. O ca-

chorro saiu, mas dali a poucos minutos entrou de novo, o que tornou a ocorrer mais algumas vezes, até que o açougueiro se deu conta de que o cãozinho trazia algo na boca.

Saindo de trás do balcão, aproximou-se do cachorro e viu que o que ele trazia era um bilhete dentro de um plástico. Pegou o bilhete e leu: o senhor poderia me enviar meio quilo de bistecas e cinco linguiças? Dentro do plástico vinha, além do bilhete, o dinheiro para o pagamento da compra.

O açougueiro preparou o pedido e, quando estava pronto, colocou em uma sacola as bistecas e as linguiças, com o troco que havia sobrado, e mostrou as alças da sacola ao cachorro, que as pôs na boca e saiu do açougue.

O açougueiro estava boquiaberto. Decidiu ir atrás do cachorro para observá-lo e ver o que fazia com o pedido. Tirou o avental listrado de verde e preto que sempre usava e pediu à mulher que ficasse no balcão porque precisava entregar uma encomenda.

O cachorro caminhou pela rua até chegar a um semáforo, onde se deteve, depositou a sacola no chão, ergueu-se sobre as patas traseiras e apertou o botão que deixava o semáforo verde para os pedestres. Esperou sentado com a sacola de novo na boca, até que o sinal abriu, então atravessou tranquilamente e caminhou até o ponto de ônibus que havia a alguns metros adiante. Ao chegar, observou os símbolos que indicavam os diferentes ônibus e seus trajetos, sentou-se e esperou.

Dali a pouco, passou um ônibus, mas o cachorro não se mexeu. Poucos minutos depois apareceu outro, que fazia um trajeto diferente, e o cachorro subiu rapidamente pela porta traseira, para que o motorista não o visse. O açougueiro, que continuava sem acreditar no que via, também entrou no ônibus.

Três pontos depois o cachorro ergueu-se sobre as patas traseiras e tocou a campainha, para que o motorista parasse no ponto

seguinte. Lá, o cachorro desceu, e, atrás dele, o açougueiro. Os dois caminharam alguns minutos até chegarem à porta de uma casa. O cachorro deixou a sacola no chão e começou a bater as patas dianteiras na porta, ao mesmo tempo que latia. Agiu assim por vários minutos, mas ninguém veio abrir a porta.

O cachorro descansou alguns segundos, depois foi até um muro que havia ao lado da fachada da casa, deu um salto e foi parar em um detalhe em relevo do muro. Sem pensar duas vezes, tornou a saltar até o parapeito de uma janela, onde conseguiu bater várias vezes no vidro. Imediatamente fez o caminho inverso e tornou a se colocar diante da porta da casa. Dali a poucos segundos a porta se abriu e atrás dela surgiu um homem que, sem dizer uma palavra, começou a bater no cachorro, chamando-o de inútil, aos berros.

Ao ver aquela cena, o açougueiro aproximou-se do homem e, segurando-lhe as mãos para que parasse de bater no animal, exclamou: Por favor, pare de bater no cachorro! Você não percebe que está cometendo uma injustiça? Este cachorro é um gênio.

"Um gênio?", repetiu o homem profundamente irritado. "É a segunda vez nesta semana que esse imbecil esquece as chaves!"

— Então você acha que sou como o dono do cachorro? — perguntou Fernando.

— Não, cara. A única coisa que quero é fazê-lo pensar se pode estar acontecendo alguma coisa assim e você não está percebendo.

— Olha, Juan, uma coisa é uma equipe empresarial, e outra bem diferente é uma equipe médica — explicou.

— Pois até onde eu saiba as duas são compostas de seres humanos. Não devem ser tão diferentes assim.

Fernando ficou me olhando, sem saber o que responder.

— Vamos lá, Fernando. Que você seja exigente me parece ótimo. Mais que isso: é uma obrigação de todos nós que nos dedicamos a gerir pessoas. Se não fosse assim, estaríamos traindo o verdadeiro trabalho em equipe e o próprio desenvolvimento das pessoas que trabalham nele...

— Viu só? — tascou ele, sem me deixar acabar a frase.

— Mas... — acrescentei rapidamente — isso não é desculpa para não saber que todo ser humano precisa de algo além de exigência para poder chegar ao máximo do rendimento.

Fernando olhava atentamente à espera de minhas próximas palavras.

— Você não imagina o que seja esse algo mais? — instiguei-o.

Ele arqueou as sobrancelhas e levantou os ombros exageradamente.

— É algo que você faz habitualmente fora do trabalho e que sempre, mesmo que não perceba, lhe dá resultados muito bons.

— Não sei a que você se refere, Juan.

— É muito simples. Refiro-me ao **afeto**. Ser exigente não é incompatível com proporcionar afeto às pessoas que trabalham com a gente. E mais: a exigência sem afeto é tão pouco útil quanto o afeto sem exigência.

— Sei... Então agora vou ter que beijar as enfermeiras quando entrar na sala de cirurgia? — disse, em tom de gozação.

— Não. Não se empolgue. Dar afeto é apenas reconhecer que temos ao nosso lado um ser humano que sofre, ri, tem problemas, se engana como nós etc., e agir de acordo com isso. Todos nós, incluindo você, precisamos que esse lado humano também seja compreendido e nutrido por aqueles que nos rodeiam.

A conversa se prolongou por quase uma hora, e, aos poucos, Fernando foi se dando conta de que seu erro vinha de não ter aplicado na vida algo tão simples assim.

— Pois bem — despediu-se —, vou ao hospital encher meu pessoal de *mimos*.

— Fernando, espere. Uma última dica.

— Diga lá.

— Tempos atrás, um grande técnico de futebol me disse algo que acho que pode ser útil a você: *se quiser repreender alguém por algo malfeito, primeiro lembre a essa pessoa algo que ela tenha feito bem e parabenize-a por isso. Em seguida, diga a ela o que fez de errado e como deve corrigi-lo.* Garanto que dá resultados muito bons.

Quando voltei ao escritório, tentei recordar toda a conversa e tirar conclusões a respeito. Como dizia um grande professor que tive na universidade: *uma boa conversa nos revela que sabemos muito mais do que pensávamos saber.*

Conclusão:

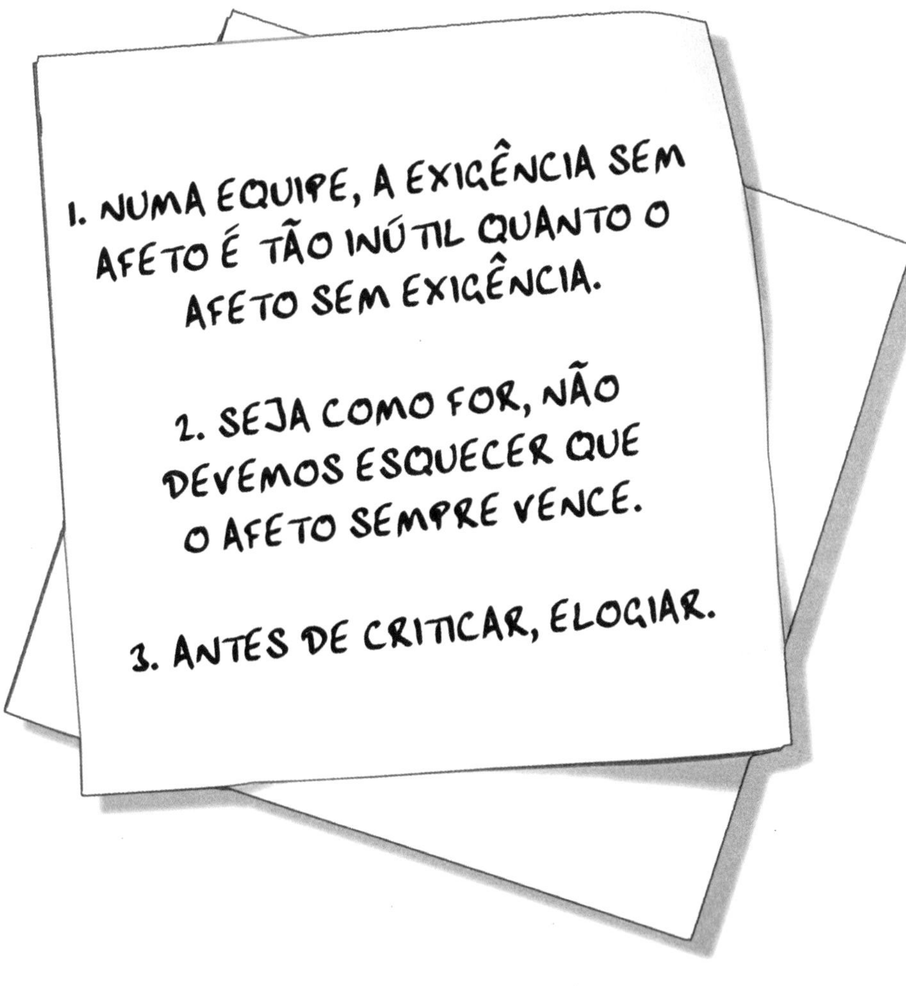
1. NUMA EQUIPE, A EXIGÊNCIA SEM AFETO É TÃO INÚTIL QUANTO O AFETO SEM EXIGÊNCIA.
2. SEJA COMO FOR, NÃO DEVEMOS ESQUECER QUE O AFETO SEMPRE VENCE.
3. ANTES DE CRITICAR, ELOGIAR.

4. Maus Momentos

Foi a mulher de um grande amigo meu que me avisou do mau momento pelo qual ele passava.

— Ele não lhe contou nada? — surpreendeu-se, depois de uma breve saudação.

— Não. O que está acontecendo? — perguntei, um tanto preocupado.

— Ontem lhe comunicaram que perdeu o emprego...

— Mas como é possível? — questionei. — Seu departamento estava dando bons resultados. Ele era a alma de todo esse desenvolvimento e quem tinha conseguido dar a volta por cima depois da situação catastrófica em que estavam.

— É, mas você sabe — ela disse —, é *inocente* demais no que se refere às pessoas à sua volta. Já o adverti muitas vezes, mas ele nunca me deu ouvidos.

— Não sei a que você se refere — confessei a Helena.

— A verdade é que ele foi traído, Juan. E o pior é que quem fez isso foram duas pessoas a quem ele ajudou muito nos últimos anos.

Helena me contou toda a história. Parece incrível que os seres humanos cheguem a determinados comportamentos movidos apenas por ambição e poder. No entanto, o que me importava naquele momento era meu amigo, era ajudá-lo a superar essa situação.

Dois dias depois almocei com ele. Seu semblante demonstrava tudo que estava sofrendo.

— É incrível — não parava de repetir —, não consigo acreditar que isso tenha acontecido comigo.

— Bem — interrompi —, e quais são seus planos agora?

— Planos? — ele devolveu um pouco espantado. — A única coisa que eu gostaria de fazer era desmascarar aqueles dois, para que todo mundo soubesse os belos patifes que são.

— Outro dia li uma história que pode ajudá-lo.

O Escorpião

Um mestre oriental viu um escorpião se afogando e decidiu tirá-lo da água, mas, quando o fez, o escorpião o picou.

Reagindo à dor da picada, o mestre sacudiu a mão e soltou o animal, que caiu na água e, de novo, começou a se afogar.

O mestre tentou tirá-lo outra vez, e novamente o escorpião o picou.

Uma pessoa que passava no local naquele momento observou a cena, aproximou-se do mestre e comentou:

"Perdão, mas me parece que o senhor não está vendo que, cada vez que tentar tirar o escorpião da água, ele o picará".

O mestre encarou a pessoa e explicou: "A natureza do escorpião é picar, e isso não pode mudar a minha, que é ajudar". Então, com o auxílio de uma folha, tirou o escorpião da água e salvou a vida dele.

Meu amigo olhou para mim e perguntou:

— Você quer dizer que não devo fazer nada e apenas pensar que as coisas são assim mesmo?

— Não, não é isso que pretendo, absolutamente. O que quero dizer é: não mude sua natureza, sua forma de ser, só porque alguém o prejudicou; apenas tome precauções.

— É fácil dizer isso quando não foi você que passou pela situação! — exclamou, levantando-se e abrindo a palma das mãos.

— Não, o que quero dizer é que você deve construir um novo projeto, aprender com o que aconteceu e continuar sendo quem é, essa pessoa que seus amigos e muita gente ama por ser como é.

— Claro, claro! — respondeu. — E aqueles dois que saiam dessa numa boa...

— Posso lhe contar outra história?

— Claro.

Os Vizinhos

Em um bairro de uma grande cidade viviam dois vizinhos que se odiavam ferozmente. Certo dia, um deles subiu ao sótão de casa para buscar uma coisa. Ao abrir uma das caixas, foi surpreendido pelo brilho de um objeto. Tirou-o e esfregou-o com a mão para limpá-lo. Nesse momento, uma nuvem de fumaça saiu por um dos orifícios, enquanto se desenhava no ar uma espécie de "gênio da lâmpada".

— Quem é você? — perguntou o homem com certo medo.

— Sou um gênio da lâmpada. Por ter me libertado, vou lhe conceder um desejo. Mas — acrescentou — tudo que me pedir seu vizinho terá em ***dobro****.*

O homem começou a pensar no que pedir ao gênio. "Já sei, concluiu: "quero 1 bilhão de euros". Mas aí lembrou que o vizinho receberia 2 bilhões. Muitas opções lhe ocorreram, mas via sempre que tudo que pensasse... o vizinho receberia o dobro.

— Já sei! — soltou de repente.

— O que você quer? — perguntou o gênio.

— Quero que você me arranque um olho.

— Ou seja — eu disse —, é a Lei da Estupidez Humana.

— Que lei é essa?

— Aquela que diz que o ser humano é capaz de prejudicar a si mesmo apenas para prejudicar seu inimigo. — E acrescentei: — Você conhece um comportamento pior que esse?

— Certamente não.

— Então tome nota disso e não caia nesse erro. Deixe-me contar uma última história.

O Céu e o Inferno

Comenta-se que num lugar longínquo, e há muito tempo, um camponês, seu cavalo e seu cachorro caminhavam lentamente por uma estrada empoeirada.

Depois de muito caminhar, o homem "se deu conta" de que os três haviam morrido num acidente.

Os defuntos também demoram a "se dar conta" de sua nova condição.

Todos sentiam a fadiga da extensa jornada morro acima e estavam sedentos.

Quis o destino que numa curva muito iluminada encontrassem um portão, magnífico, de mármore, que deixava entrever uma fonte de onde brotava água fresca e cristalina.

O caminhante se dirigiu ao guarda que tomava conta da entrada e com a garganta seca disse:

— Que lindo lugar!... Aonde chegamos, amigo?

— Isso é o Céu — respondeu o porteiro.

— Que sorte! — exclamou o visitante. — Temos muita sede... podemos entrar?

— O senhor pode entrar e beber à vontade — respondeu o zelador, indicando a fonte.

— Meu cavalo e meu cachorro também precisam de água urgente — acrescentou o caipira.

— Sinto muito. Aqui não se permite a entrada de animais — encerrou o guarda.

O homem se sentiu muito infeliz. Realmente tinha muita sede. Apesar disso, conseguiu "se dar conta" de que não podia abandonar os amigos. Era incapaz de se salvar sozinho, deixando os acompanhantes ao deus-dará. Decidiu não beber e continuar a marcha com os companheiros.

Com a sensação dolorosa que lhes proporcionavam a sede e a enorme fadiga, chegaram dali a pouco a um novo lugar.

Aqui a porta estava semiaberta, permitindo ver um caminho ladeado de flores e boa sombra. Um homem recostado, com o chapéu sobre os olhos, parecia cochilar...

— Bom dia — cumprimentou o caminhante. — Estamos com muita sede; meu cavalo, meu cachorro e eu estamos vindo de uma longa jornada.

— Bom dia — o homem devolveu o cumprimento, solícito, e tirou o chapéu. — Naquelas pedras há uma fonte; a água é excelente, podem beber à vontade.

Os três saciaram suas necessidades... Já de saída, o camponês agradeceu:

— Muito obrigado. Estamos nos sentindo tão bem aqui, parece nossa casa!...

— Por favor... Venham quando quiserem.

— A propósito, qual é o nome deste lugar?

— Céu.

— Céu? Mas o guarda do portão de mármore disse o mesmo.

— Não, amigo, lá é o Inferno.

— Mas essa informação falsa deve estar criando sérios problemas de comunicação entre os visitantes, terríveis confusões.

— Pelo contrário — explicou o homem. — O Inferno nos faz um grande favor. Lá ficam aqueles que são capazes de abandonar os amigos para "se salvar".

— Quer saber? — eu disse, olhando bem nos olhos do meu amigo. — Aqueles dois já estão bem-arranjados só por serem como são. Siga em frente e aprenda para ser cada dia melhor. Lembre-se apenas de uma coisa: cada segundo que você perder pensando neles é um segundo perdido na construção de seus novos projetos.

1. NÃO MUDE SUA NATUREZA SÓ PORQUE ALGUÉM O PREJUDICOU; APENAS TOME PRECAUÇÕES.

2. ESTÚPIDO: AQUELE QUE PARA PREJUDICAR O OUTRO É CAPAZ DE PREJUDICAR A SI MESMO.

3. CADA SEGUNDO QUE VOCÊ PERDE PENSANDO EM VINGANÇA É UM SEGUNDO PERDIDO NA CONSTRUÇÃO DE UM NOVO PROJETO.

5. Os Costumes

Tínhamos conseguido fechar um projeto muito interessante com um cliente que vínhamos tentando convencer fazia muito tempo. O projeto em questão supunha uma grande mudança nos processos do cliente, o que afetaria muita gente e seu modo de trabalho.

A empresa pertencia ao setor industrial, e a idade média do quadro de funcionários era bastante elevada, o que, somado à falta de investimento em formação nos últimos anos, tornava mais difícil gerir as mudanças necessárias.

A tudo isso acrescente-se o enorme número de pessoas que se dedicava a processos burocráticos totalmente inúteis. Basta dizer que descobrimos que uma delas se dedicava a ticar listas imensas, procurando um erro do computador, na esperança de poder demonstrar sua utilidade à direção da empresa. Esse curioso personagem tinha dois apelidos. Um lhe foi dado pelos colegas. Chamavam-no de **Tragador**. Não porque fumasse ou comesse muito, mas porque, toda vez que precisavam de algo, fosse o que fosse, e pediam a ele, ele invariavelmente respondia: *Já trago!* Isso demonstrava como era uma pessoa *ocupada*. O outro apelido quem lhe colocou foi o chefe. Chamava-o de **Jatoíno**. "Não é um neologismo", me dizia, "mas é que cada vez que o chamo ele grita do corredor *Já tô indo!*".

Depois de alguns dias fechado com eles, fiz amizade com um rapaz jovem, um economista que trabalhava no departamento de organização e métodos. Um dia ele me pediu ajuda.

— Veja, Juan — me disse —, tenho um problema e não sei o que fazer.

— Se puder ajudá-lo...

— Veja — continuou —, o problema é duplo. Quando tento mudar qualquer coisa, sempre ouço "não" como resposta. E, ainda por cima, criticam tudo, não importa o que eu faça.

— Sei como é — afirmei, em tom cúmplice. — Aceita um café? Enquanto bebemos, vou lhe contar algumas histórias que talvez o ajudem.

— É por minha conta — disse o rapaz, aliviado.

OS MACACOS

Um grupo de cientistas estava estudando o comportamento social dos macacos. Utilizavam cinco machos, que ficavam em uma jaula e eram submetidos a diversos testes. Um dia colocaram uma árvore seca no meio da jaula e no galho mais alto penduraram um belo cacho de bananas.

Imediatamente um dos macacos começou a subir na árvore para alcançar o cacho, mas nesse instante jatos de água gelada encharcaram todos os macacos, que gritavam e corriam tentando fugir. Isso se repetiu duas ou três vezes, até que um dia um dos macacos tentou subir na árvore e, nesse momento, os outros quatro o agarraram e bateram nele para fazê-lo desistir da ideia.

Dois dias depois, os cientistas introduziram um novo macaco, que substituiu um dos antigos. Logo que avistou o cacho de bananas, o novato começou a subir na árvore. Assim que colocou a primeira pata, os outros quatro se lançaram sobre ele e bateram nele para que não subisse. Depois de várias tentativas e de diversas surras, o novato não tentou mais. Introduziram então um segundo macaco e tiraram outro dos mais antigos, e a cena se repetiu exatamente do mesmo jeito. Além disso, o primeiro substituto participou da surra dada no segundo.

Os cientistas foram substituindo todos os macacos do grupo inicial, de maneira que, em dado momento, nenhum dos macacos que estava na jaula havia recebido as duchas de água gelada. Contudo, nenhum deles se atrevia a subir na árvore. E, caso chegasse um macaco novo, davam-lhe uma surra se tentasse.

É uma pena que nunca tenham podido perguntar aos macacos o porquê de seu comportamento, mas é certo que, se tivessem podido fazê-lo, os macacos teriam respondido: "Não sei, as coisas sempre foram feitas assim".

— É exatamente isso! — soltou. — É isso que sempre me dizem: *aqui sempre fizemos as coisas assim*.

— O que significa apenas isso, mas eles dão outra interpretação...

— As coisas sempre foram feitas assim e assim continuarão para sempre...

— E não pensamos em mudá-las — acrescentei.

— Que bem-arranjados estamos! — suspirou com desprezo.

— Só há uma solução — propus.

— Qual?

— Pense bem: por que você muda?

— Não sei — disse, pensativo —, talvez porque o novo é melhor.

— E por que é melhor? — indaguei, enquanto ele me olhava solicitando com urgência uma resposta. — Por uma única razão. Você aceitará a mudança somente se lhe demonstrarem que é benéfica para você. Se não, por que vai mudar?

— Você quer dizer que, se eu não conseguir demonstrar a eles que isso vai beneficiá-los, será difícil que mudem?

— Você aceitaria mudar de casa se a que lhe oferecessem fosse pior que a sua? Aceitaria que trocassem seu carro se o novo fosse pior? Outra coisa é que você seja *obrigado* a se submeter a uma mudança, mesmo que prefira voltar à situação anterior assim que puder.

— Você tem razão — concordou, dando o último gole de café. — Mas por que sempre criticam tudo, não importa o que eu faça?

— Deixe-me contar outra história.

O Burro

O avô havia comprado um burro para que ajudasse o neto e ele em algumas das tarefas que todos os dias tinham de fazer no campo. Havia feito isso pensando mais no garoto que em si mesmo. Além do trabalho árduo que realizavam, todos os dias precisavam caminhar vários quilômetros até chegar ao local de trabalho, o que, somado às inclemências do tempo, fazia com que, muitos dias, ele se sentisse mal vendo o cansaço do neto no caminho de volta para casa. Esse burro, pensava, poderá tornar a vida do meu neto mais fácil.

Em uma tarde qualquer, quando voltavam para casa, o avô caminhava com satisfação vendo o neto montado no burro... e des-

cansando. No entanto, quando passaram por uma rua da cidadezinha, ouviram uns moradores dizendo, ao vê-los passar:

— Esta juventude é inacreditável! O rapaz tão confortável em cima do burro enquanto o pobre avô tem que ir a pé.

Para evitar aqueles comentários tão desagradáveis, o avô propôs ao neto que, quando entrassem na cidadezinha, trocassem de lugar e viesse ele montado no burro.

Assim fizeram no dia seguinte. Contudo, quando passaram pelo mesmo lugar, ouviram as críticas:

— Vejam só, parece mentira. O velho descansando e o pobre rapaz, esgotado pelo dia de trabalho, tem que ir andando.

Os dois se entreolharam espantados, mas decidiram mudar a estratégia para evitar, de novo, os incômodos comentários. A decisão consistiu em que, no dia seguinte, iriam os dois montados no burro ao passar por ali.

No entanto, quando passaram no dia seguinte pelo lugar, ouviram os cochichos:

— Que falta de amor e respeito com os animais! Vejam só, os dois em cima do pobre burro vão acabar com ele.

Desesperados e dispostos a acabar de uma vez por todas com os comentários, decidiram pôr em prática a última alternativa possível. No dia seguinte, quando passaram por aquela região, os dois iam a pé ao lado do burro.

No entanto, logo ouviram a fofoca dos moradores:

— Mas que belos idiotas! Têm um burro e vão andando.

— É o que fazem comigo — concordou com a cabeça. — Tanto faz o que eu faça, seja de uma forma, seja de outra, sempre há críticas.

— Sabe por que isso acontece?

— É falta de cultura — garantiu, muito seguro.

— Não, conheço muita gente *culta* que gosta desse esporte. Isso acontece quando as pessoas não têm nada que fazer. Em todas as organizações em que as pessoas têm tempo demais, a *fofoca* e a *crítica* tornam-se o esporte nacional. Já quando você está ocupado e tem a obrigação de cumprir metas... Por isso — acrescentei —, nunca acredito nas *histórias* que vêm me contar sobre alguém. Só acredito naquilo que conheço dessa pessoa; o resto sempre tem *segundas intenções* ou malícia.

— Se você soubesse o que me contaram ontem de vocês... — disse-me sorrindo.

— Outra coisa — eu disse, sem me interessar por esses comentários —, não esqueça que, se os profissionais da crítica nos incomodam, também deve nos incomodar nossa falta de autocrítica.

— É mais fácil ver os erros dos outros que os nossos, né?

— Com certeza. Vou lhe contar uma piada que me contaram há pouco tempo para que você não se esqueça disso. *Dois amigos estavam bebendo em um bar e um disse ao outro: Juan, é melhor você parar de beber; sua cara está ficando embaçada.*

Ele levou alguns segundos para reagir e começar a rir, após perceber o absurdo da recomendação.

— E mais — aconselhei —, não confie em ninguém que não seja capaz de rir de si mesmo.

1. DIZER "AQUI SEMPRE FIZEMOS AS COISAS ASSIM" SIGNIFICA QUE ANTES NINGUÉM FEZ DE OUTRO JEITO. ISSO NÃO PODE NEM DEVE VALER COMO DESCULPA PARA NÃO MUDAR.

2. SÓ ACEITAMOS MUDANÇAS QUANDO A NOVA SITUAÇÃO NOS BENEFICIA. DE OUTRA FORMA, APENAS NOS SUBMETEMOS ÀS MUDANÇAS.

3. UMA ORGANIZAÇÃO OCUPADA É UMA ORGANIZAÇÃO COM MENOS FOFOCA.

6. A Aprendizagem

Como em muitas tardes, lá estavam eles enfurnados no quarto do meu filho, Pablo. Mesmo sem vê-los, podia jurar que o computador estava ligado, e eles, absortos com algo que a tela mostrava.

Normalmente eram dois, Pablo e o inseparável amigo Tito, mas desta vez Blanca os acompanhava. Desde muito pequenos, os três haviam estudado juntos no mesmo colégio e agora, aos 20 anos, continuavam mantendo uma amizade à prova de qualquer circunstância.

Efetivamente, o computador estava ligado e a sombra das três cabeças tapava por completo o que estavam vendo. Com certeza, nem sequer perceberam minha presença, e, por um momento, fiquei lá observando-os e sorrindo.

Que gente boa! — pensei. Critica-se muito esta nova geração, mas a verdade é que eles são fantásticos. Além disso, sem dúvida melhoraram nossa linhagem: estão mais altos, mais bonitos, mais espertos...

— E aí, pessoal? — cumprimentei, e os três viraram a cabeça.

— Muito bem, e você? — responderam enquanto se levantavam e Pablo e Blanca me davam um beijo, ao passo que Tito estendia a mão para me cumprimentar.

— O que vocês estão fazendo?

— Estamos fazendo uma pesquisa na internet para um artigo que Blanca tem que escrever para a revista da faculdade.

— Sobre que assunto? — interessei-me.

— Algo sobre aprendizagem ao longo da vida — respondeu Blanca.

— E...? — perguntei.

— Ainda estamos um pouco perdidos — disse Pablo.

— Mas isso é muito fácil — disse, e eles me olharam esperando algo mais. — A propósito, quem está cantando?

— Ah! É um grupo de músicos espanhóis — respondeu Tito.

— A resposta está nesta música — assegurei.

Os três me olharam com cara de espanto.

— Vejam só — disse, sentando-me perto deles —, a internet é uma coisa ótima, mas se vocês utilizassem mais os cinco sentidos encontrariam muitas respostas.

— O que você quer dizer? — indagou Tito.

— Você se incomoda de colocar a música desde o início? — eu disse.

— Claro que não — respondeu, indo até o computador para localizar o arquivo de músicas.

— Escutem, por favor — pedi.

Nesta vida aprendi
Com o bom e com o mau.
Elevei-me até os céus
E me arrastei pela lama.
Mais de 35 anos
E 210 defeitos
E toquei a loucura
Com a ponta dos dedos.
Vou me olhando nas poças d'água
Não preciso de espelhos
Sei que sou muito mais bonito
Quando não me sinto feio.
Nunca me interessei
Pelo poder nem pela fortuna
O que admiro são as flores
Que crescem no lixo
Onde ficaram os seus sonhos
Você tem a alma nua
Depois que a onda se quebra
Só nos restou a espuma
Vou me olhando nas poças d'água
Não preciso de espelhos
Sei que sou muito mais bonito
Quando não me sinto feio...

Os três haviam acompanhado a canção cantarolando baixinho, o que demonstrava, em primeiro lugar, que já a tinham ouvido várias vezes e, em segundo, que a apreciavam.

— Vocês já podem escrever o artigo, a resposta está aí — garanti.

— Não sei, cara — duvidou Tito, educadamente.

— Vejam só. Vamos analisar a letra. Coloque de novo a primeira estrofe, por favor:

Nesta vida aprendi
Com o bom e com o mau.
Elevei-me até os céus
E me arrastei pela lama.

— Pare aí — disse. — Qual é a primeira lição?

— Que você pode aprender com tudo que lhe acontece, até mesmo com as coisas ruins — disse Blanca.

— Muito bem. Esse é o primeiro ponto. A vida é uma aprendizagem contínua, mesmo que muita gente não extraia nada de muitas coisas que lhe acontecem por simples falta de reflexão. Já sabemos que pensar é a tarefa mais difícil que existe. No entanto, se refletíssemos sobre muitas das coisas que nos acontecem todos os dias, seríamos muito mais sábios. E mais: quanto maior o erro, o fracasso ou a dor, maior a reflexão.

— Por quê? — interessou-se Pablo.

— Quantas vezes, na hora de lhe dar um conselho, argumentei que eu tinha mais experiência que você? — perguntei.

— Quase sempre.

— Vejam só: a experiência nada mais é que uma grande base de dados que contém todos os nossos erros — eu disse.

— E todos os acertos — lembrou Tito.

— Você tem razão, mas não se esqueçam de que aprendemos mais com os fracassos. Sobre o sucesso quase nunca refletimos: afinal de contas, é Sucesso. Para que refletir sobre ele? Entretanto, volta e meia nossos erros nos vêm à cabeça, e é aí que podemos encontrar uma fonte inesgotável de aprendizagem.

— Então, praticamente é melhor cometer erros — ironizou Pablo.

— Também não exagere. Viver em erro contínuo significaria que não aprendemos com os nossos erros, ou seja...

— Certo, continue! — pediu Blanca, vendo que seu artigo começava a tomar forma.

— Antes de continuar... — quis ressaltar um detalhe. — Tempos atrás, eu costumava discutir com uma pessoa a quem admirava e queria muito bem sobre em que porcentagem ficávamos mais estúpidos diante do sucesso. Ambos estávamos de acordo que o sucesso nos deixa, pelo menos, uns 30% mais estúpidos.

— É por isso que nós dois somos tão idiotas — disparou Tito, olhando para Pablo enquanto soltavam uma sonora gargalhada.

— Como você os aguenta, Blanca? — disse, e ela sorriu. — Enfim, continuemos. A estrofe seguinte:

Mais de 35 anos
E 210 defeitos
E toquei a loucura
Com a ponta dos dedos.

— É meio que a mesma coisa, não? — quis confirmar Blanca.

— Não, há algo mais. E é algo muito importante — respondi.

— Os defeitos? — perguntou Pablo.

— Acertou na mosca! Isso se chama autocrítica, e é por aí que começa a aprendizagem autêntica. Ser capaz de reconhecer que você tem milhões de defeitos e que todos os dias deveria fazer algo para corrigir os mais importantes. É muito raro conhecer alguém que seja, de fato, crítico consigo mesmo. O que fazemos muito bem é criticar os outros, mas poucas vezes nos submetemos a um julgamento interno. Se você não é capaz de diagnosticar a própria doença, como vai curá-la ou pedir e aceitar ajuda?

— Algum conselho? — solicitou Blanca, de caneta em punho.

— A anedota que vou contar agora pode lhe ser útil. Ela é atribuída a Churchill.

Os Dez Minutos

Durante um conselho de ministros presidido por Churchill, dois de seus ministros discutiam sobre um erro que um deles havia cometido.

— Parece mentira que alguém tão inteligente tenha cometido semelhante estupidez — um alfinetou o outro.

— Claro! — defendeu-se o agredido. — Esqueci que o senhor nunca se engana.

— Senhores, por favor! — cortou drasticamente Churchill. — Esse comportamento é indigno de dois membros do governo de Sua Majestade. Deixe-me dizer algo que, aparentemente, os dois desconhecem.

Um silêncio total se produziu na sala. Então Churchill acrescentou:

— Todo ser humano é imbecil pelo menos dez minutos por dia.

Todos os ministros se entreolharam, achando que Churchill havia terminado, mas ele continuou e lhes revelou o segredo:

— O truque está em não ultrapassar esse limite.

— Quer dizer — acrescentei —, ou aceitamos que somos imbecis **pelo menos** dez minutos por dia, ou estamos perdidos. Sabem qual é o problema?

Nenhum deles respondeu; apenas me olhavam fixamente.

— O problema é duplo. O primeiro é que pouca gente aceita essa premissa, que se agrava no mundo corporativo quanto mais alto se sobe na hierarquia. O segundo consiste em que, além de não aceitá-la, não permitimos que ninguém à nossa volta diga: *você está dentro daqueles dez minutos*. Ou seja, não temos um amigo ou alguém de confiança, uma espécie de Grilo Falante, a quem consintamos a crítica nua e crua.

— Vocês não perdem por esperar! — avisou Blanca aos dois.

Vou me olhando nas poças d'água
Não preciso de espelhos
Sei que sou muito mais bonito
Quando não me sinto feio.

— Veja só! — sugeriu Tito a Pablo.— Isso é o que nós dois temos de fazer.

— Ha, ha, ha! — respondeu Pablo.

— Vamos lá, rapazes, falando sério.

— Tudo depende do que você sente interiormente — resumiu Blanca, demonstrando sua sensibilidade feminina.

— *Sei que sou muito mais bonito quando não me sinto feio* — repeti a letra. — Isso mesmo, Blanca. Antes de mais nada, você precisa acreditar em si mesma e aprender a valorizar seus pontos fortes. A opinião dos outros vem depois. Quer que lhe conte uma história?

— Por favor — incentivou-me imediatamente.

O Que Você Vale

— Oi, filho — disse a mãe, aproximando-se do sofá onde o rapaz estava deitado, para lhe dar um beijo. — Como vai?

Ela acabara de voltar do trabalho e, embora cansada, a primeira coisa que fazia sempre era ver como o filho estava.

— Na verdade, mamãe, não estou muito bem — confessou, erguendo o corpo e sentando-se no sofá, com os cotovelos apoiados no joelho e a cabeça entre as mãos.

— O que aconteceu, filho? — perguntou a mãe, deixando as chaves em cima da mesa e sentando-se perto dele.

— Não sei, mas me sinto tão imprestável que não tenho vontade de fazer nada. Acho que muita gente pensa que não sei fazer nada direito, que sou meio tonto. O problema é que não sei o que fazer, não sei como melhorar, não sei o que fazer para que os outros me valorizem.

A mãe o olhou enquanto lhe acariciava o cabelo; seu rosto contraído denunciava a tristeza de ver o filho sofrer.

— Sinto muito, meu amor. O que mais me dói é que acho que não posso ajudá-lo; não apenas não sei como fazê-lo como também preciso resolver um problema urgente — ficou pensativa um minuto. — Talvez você possa me ajudar, e, se resolvermos isso, em seguida me dedicarei de corpo e alma a ajudá-lo.

— Claro, mamãe — disponibilizou-se de imediato, embora surpreso com a reação da mãe.

— Veja, filho — começou a mãe, ao mesmo tempo em que tirava um anel de um porta-joias que estava sobre um móvel próximo e entregava ao menino. — Preciso que você vá a algumas casas de penhores. Precisamos vender este anel para quitar uma dívida; caso contrário, podemos ter nossos bens penhorados.

— Quanto peço por ele, mamãe?

— Tente obter o maior valor possível, mas, seja como for, não aceite menos de 2 mil reais. A dívida vence amanhã pela manhã, por isso, por favor, vá imediatamente.

O rapaz se levantou, pegou a jaqueta, deu um beijo na mãe e se foi.

Chegando à rua, dirigiu-se à estação de metrô mais próxima, pensando que era a forma mais rápida de chegar à zona onde se concentravam aquelas "lojas".

Assim que chegou, começou a oferecer o anel de loja em loja. Os avaliadores observavam o anel com suas lupas, mas, quando o rapaz dizia quanto estava pedindo por ele, ninguém o queria.

Depois de oferecer a joia em todas as casas de penhores da região e de ser rejeitado em todas elas, voltou para casa muito triste. O que mais queria era ter resolvido o problema da mãe.

— Mamãe — disse ao entrar —, sinto muito. Ninguém quer nos dar o que você está pedindo pelo anel. O máximo que me ofereceram foram 600 reais, e isso porque lhes disse quanto custou e seu grande valor. Mas acho que, na verdade, nós é que não sabemos o verdadeiro valor desse anel.

— É verdade, filho — devolveu a mãe. — Talvez a primeira coisa que devemos fazer é descobrir o verdadeiro valor desse anel. Se você não se importa, vou lhe dar o endereço de um joalheiro que conheço faz tempo. Fale em meu nome; diga que precisamos vender esse anel e pergunte quanto pode dar por ele. No entanto, lembre-se de uma coisa: por mais dinheiro que ele ofereça, não lhe venda o anel. Volte aqui com meu anel.

O rapazinho voltou a sair rapidamente e em pouco tempo chegou ao endereço que a mãe havia lhe dado.

O joalheiro examinou meticulosamente o anel, pesou-o e depois explicou ao rapaz:

— Diga à sua mãe que, se quer vender o anel agora mesmo, não posso lhe dar mais que 45 mil reais.

— Quarenta e cinco mil?! — exclamou o jovem.

— Sim — confirmou o joalheiro. — Se tivéssemos tempo, poderíamos conseguir cerca de 60 mil reais por ele, mas, se vocês têm muita pressa, esse é o máximo que posso dar.

O jovem voltou rapidamente para casa, muito contente pela notícia que ia dar à mãe.

Depois de escutar sorridente, a mãe lhe disse:

— Sente-se, filho. Fiz tudo isso para que você entendesse que você é como este anel: é uma joia, valiosa e única. E é assim que você deve se sentir e se valorizar. Não importa o que os outros pensem a

seu respeito. O importante é o que você sente por si mesmo, o seu valor intrínseco. Além disso, só deve importar o valor que lhe dão aqueles que o conhecem e o amam. Os "especialistas" em você. Por que você anda por aí achando que qualquer um vai poder julgar seu valor, e que esse valor é o que você deve aceitar?

Ao concluir suas palavras, voltou a guardar o anel no porta-joias.

— Mas às vezes é difícil conseguir isso — comentou Blanca, após me dizer que havia adorado a história.

— Só depende de uma coisa: da maturidade pessoal. Aceitando que nem todo mundo vai *gostar* de você. Nunca deixe de ser fiel à sua maneira de ser apenas para *agradar* os outros.

— Mas o que acontece então com os defeitos? — perguntou Pablo.

— Não é incompatível, ao contrário. Ser fiel a você mesmo não significa não mudar aquilo que você sabe que deve mudar.

— Bem, continuemos — propôs Blanca.

Nunca me interessei
Pelo poder nem pela fortuna
O que admiro são as flores
Que crescem no lixo
Onde ficaram os seus sonhos
Você tem a alma nua
Depois que a onda se quebra
Só nos restou a espuma

— Já entendi — observou Tito. — Devemos valorizar as pessoas não pelo que têm, mas pelo modo como o conseguiram. Ou seja, pelo esforço, pelo sacrifício, pelo espírito de luta.

— Os sonhos — acrescentou Pablo —, ouvi você dizer isso muitas vezes: tudo começa com um sonho. Se não temos paixão pelo que fazemos, no final ficamos com a *alma nua*. Temos que sonhar com o que queremos e nos apaixonar por isso.

— Só mais uma coisa — expliquei. — Lembrem que os sonhos de que falamos não são os sonhos que *nos sonham*, ou seja, esses que temos quando estamos dormindo, mas aqueles que conscientemente criamos.

Nesse momento meu celular tocou.

— Bem, rapazes, preciso deixá-los, mas vejo que já estão encaminhados.

— Obrigado — disseram-me juntos.

— Peço apenas que se lembrem disso: para aprender, vocês devem estudar (coisa, aliás, que ninguém deve esquecer), mas perto de vocês, no cotidiano, também há muitas oportunidades de aprender coisas importantes para a vida. Aquele que utilizar melhor essas oportunidades de aprendizagem terá uma grande vantagem competitiva. Não se esqueçam daquilo que dizia o economista norte-americano Michael Porter: *se você não tem uma vantagem competitiva, não compita.*

Já estava de saída quando lembrei que não havia lhes pedido algo importante, por isso voltei e disse:

— Ah, sim! — Todos se voltaram para mim. — Enviem-me um e-mail com as conclusões a que chegaram.

— Falou, cara! — concluiu Pablo.

Fui embora pensando no que teria me acontecido se algum dia tivesse respondido assim ao meu pai. Mas, na verdade, estou convencido de que agora a relação é muito mais saudável.

No dia seguinte, recebi um e-mail com um resumo das conclusões:

Responder | Responder a todos | Encaminhar | Excluir | Lixo eletrônico | Colocar na pasta |

Assunto Cap. 6, A aprendizagem | Caixa de entrada

1. O DIA-A-DIA NOS PROPORCIONA UMA FONTE INESGOTÁVEL DE APRENDIZAGEM. O IMPORTANTE É NÃO DEIXAR PASSAR ESSAS OPORTUNIDADES E REFLETIR SOBRE ELAS.

2. QUANTO MAIOR FOR UM FRACASSO, MAIOR SERÁ A POSSIBILIDADE DE APRENDER COM ELE.

3. O SUCESSO NOS FAZ, PELO MENOS, 30% MAIS ESTÚPIDOS.

4. PRECISAMOS ACEITAR QUE SOMOS IMBECIS DURANTE, PELO MENOS, DEZ MINUTOS POR DIA.

5. É PRECISO EXISTIR SEMPRE UM *GRILO FALANTE* QUE TENHA NOSSA PERMISSÃO PARA DIZER: *VOCÊ ESTÁ DENTRO DAQUELES DEZ MINUTOS*.

6. TEMOS QUE ENCONTRAR EM NÓS MESMOS NOSSO VERDADEIRO VALOR. *SEI QUE SOU MUITO MAIS BONITO QUANDO NÃO ME SINTO FEIO*.

7. O VALOR DE UMA PESSOA NÃO SE MEDE PELO QUE ELA TEM, MAS PELA MANEIRA COMO O CONSEGUIU.

8. SE NÃO TEMOS SONHOS, SE NÃO SOMOS CAPAZES DE NOS APAIXONAR POR AQUILO QUE PRECISAMOS CONSEGUIR, SERÁ MUITO DIFÍCIL ALCANÇÁ-LO.

Caixa de entrada

7. Trabalho em Equipe

Dedicado à memória de meu amigo Ignacio Rasero

Os Caranguejos

Era um velho cientista acostumado a observar o comportamento das criaturas marinhas. Uma tarde, passeava por um deque no qual vários aficionados pela pesca tentavam capturar algo. Na verdade, não tinha prestado muita atenção ao que ocorria ao seu redor, até que passou diante de um dos pescadores. Percebeu que havia dois baldes com iscas, especificamente caranguejos, mas o que chamou sua atenção foi que um dos baldes estava fechado com uma tampa, e o outro, aberto, sem que, pelo menos aparentemente, houvesse diferença entre os dois grupos de caranguejos.

A curiosidade profissional o obrigou a deter-se e perguntar ao pescador:

— Desculpe-me, senhor, posso fazer uma pergunta?

O pescador, que estava sentado, virou a cabeça, pôs a mão aberta sobre os olhos para se proteger do sol e disse:

— Claro, em que posso ajudar?

— Suponho que esses caranguejos sejam a isca que o senhor utiliza, certo?

— Sim, senhor, isso mesmo — respondeu o pescador.

— E funcionam bem?

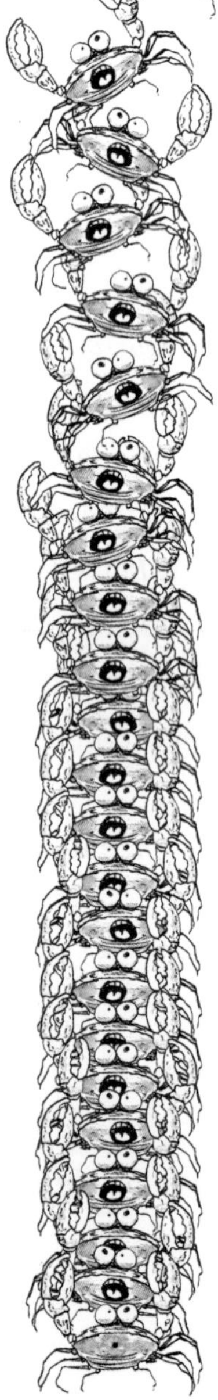

— Sim, muito bem. Nesta região — comentou o pescador amavelmente —, é a isca que funciona melhor.

— Só mais uma coisa — pediu o cientista.

— Pois não.

— Pode me dizer por que um balde está tampado e o outro, não?

— Ah! — sorriu o pescador. — É muito simples. O balde tampado contém caranguejos portugueses, ao passo que o destampado tem caranguejos brasileiros.

— Oh... Hum... — balbuciou o cientista, não muito convencido. — Mas por que você tampa os portugueses e os brasileiros, não?

— Muito simples, senhor — explicou o pescador. — Os caranguejos portugueses podem fugir do balde, porque vão subindo uns por cima dos outros e formando uma escada, até que conseguem sair.

— E os brasileiros? — perguntou o cientista.

— Com esses não há perigo — respondeu com veemência o pescador. — Logo que um começa a subir, o outro o puxa para baixo, e assim fazem com qualquer um que tente, por isso nunca escapam.

— Esse é o nosso problema, Juan — afirmou Ignacio depois de me contar essa história. Passeávamos aquela tarde pela cidade de Filadélfia, nos Estados Unidos, onde fomos realizar um curso sobre atividade bancária em uma conceituada escola de negócios. — Uma grande incapacidade de trabalhar em equipe, que, aliada ao nosso grande pecado capital, nos impede de avançar.

Ignacio era mais que um amigo. Eu o conheci no final dos anos 1980, quando um banco espanhol me encomendou alguns cursos para seus executivos. Aos poucos, aquela relação se transformou numa amizade que me proporcionou conhecer um ser humano excepcional e, sem dúvida, aquele que me deu ao longo da vida os melhores conselhos profissionais. A desgraça de uma maldita doença impediu, a nós que o amávamos, continuarmos desfrutando de sua companhia.

— Você se refere à inveja, suponho — eu disse enquanto abríamos um pacote de figos secos que ele havia comprado.

— Claro, Juan, a inveja. Como dizia não sei quem: *no clube da inveja a entrada é livre; a companhia, ampla; o consumo, grátis; a conversa, ininterrupta. Mas não há saída.* A maldita inveja que nos detém assim que alguém pode se destacar.

— Ou se destaca — completei.

— É isso aí — respondeu, oferecendo-me outro figo. — Para mim, é o cimento da nossa incapacidade de trabalhar em equipe.

— Você acha? — incentivei-o a falar, sem interromper demais.

— O que quero dizer é que é um cimento que permite construir muito bem o individualismo e destrói a possibilidade de fazer um bom trabalho com os outros. Trabalhar em equipe é um exercício contínuo de humildade e desejo de servir aos outros.

— Como isso se traduz dentro de uma empresa, Ignacio?

— Na verdade, é mais certo dizer como se *deveria* traduzir, porque encontrar pessoas que façam isso é realmente muito complicado — frisou enquanto entrávamos numa maravilhosa livraria, onde, ainda por cima, se podia tomar um ótimo café.

Ignacio ficou um bom tempo olhando livros sobre animais e natureza, enquanto eu vagava pelos corredores em busca de alguma raridade. Uma hora depois, continuamos nosso passeio, agora cada um carregando uma sacola de livros.

— Como dizia — de repente Ignacio retomou a conversa —, o problema é encontrar gente que admita que precisa da ajuda dos outros. É a essa humildade que eu me referia.

— É como diz o ditado popular: *duas cabeças pensam melhor que uma*.

— Sem dúvida. O problema é que alguns pensam exatamente o oposto. Tempos atrás me contaram uma história que pode ajudá-lo a entender isso...

A Marcenaria

Numa cidadezinha nas cercanias de uma grande metrópole, existia uma pequena marcenaria famosa pelos móveis que fabricava.

Certo dia, as ferramentas decidiram reunir-se em assembleia para discutir a importância de cada uma.

Quando estavam todas reunidas, o martelo, na qualidade de presidente, tomou a palavra:

— Queridos companheiros, aqui estamos em assembleia. De qual problema vocês querem tratar?

— Você tem que renunciar — exclamaram muitas vozes.

— Por quê? Qual é a razão? — indagou o martelo, muito surpreso.

— Você faz barulho demais! — ouviu-se ao fundo da sala, enquanto os outros confirmavam com acenos.

— Além disso — acrescentou outra ferramenta —, você passa o dia batendo em tudo.

Muito triste e frustrado, o martelo reagiu imediatamente.

— Está bem — defendeu-se —, vou-me embora, se é isso que vocês querem. Quem se dispõe a assumir a presidência?

— Eu — autoproclamou o parafuso —, eu serei o próximo presidente.

— Nada disso — gritaram várias ferramentas. — Você só funciona depois de dar muitas voltas, e isso atrasa tudo.

Houve um pequeno silêncio cortado apenas por algum murmúrio, até que de repente a lixa se levantou.

— Serei eu — exclamou.

— Jamais! — protestou a maioria. — Você é muito áspera no trato e sempre tem atritos com os outros!

— Eu serei o próximo presidente! — anunciou a trena, esticando-se toda.

— De jeito nenhum! — ofendeu-se uma pequena ferramenta. — Você passa o dia todo medindo os outros, como se suas medidas fossem as únicas válidas.

Estavam imersos nessa discussão quando o marceneiro entrou e se pôs a trabalhar.

Utilizou todas e cada uma das ferramentas no momento oportuno. Depois de algumas horas de trabalho, os pedaços de ma-

deira que estavam empilhados no chão haviam se transformado num lindo móvel, pronto para ser entregue ao cliente.

O marceneiro se levantou, observou o móvel que havia construído e sorriu ao ver como sua obra tinha ficado boa. Tirou o avental de trabalho e saiu da marcenaria.

De imediato, a assembleia voltou a se reunir. Foi o alicate quem, dessa vez, tomou a palavra.

— Queridos companheiros, é evidente que todos temos defeitos, mas acabamos de ver que nossas qualidades possibilitam que o marceneiro faça móveis tão maravilhosos como este.

As ferramentas se entreolharam sem dizer palavra. O alicate continuou seu discurso:

— São nossas qualidades, e não nossos defeitos, que nos fazem valiosas. O martelo é forte, e isso nos permite unir muitas peças. O parafuso também une e reforça as áreas nas quais o martelo não consegue agir. A lixa pule tudo que é áspero. A trena é precisa e exata, o que nos permite não errar as medidas que nos encomendaram. E assim eu poderia continuar com cada uma de vocês.

Depois daquelas sábias palavras, todas as ferramentas se deram conta de que somente o trabalho em equipe tornava realmente úteis e que deviam se fixar nas virtudes de cada uma para alcançar o sucesso.

— Quer dizer — comentei — que uma das premissas para trabalhar em equipe é ter a sensatez de admitir que ninguém é perfeito.

— E é aí que deve aparecer a humildade, no fato de admitir essa não-perfeição em nós mesmos também e de ter grande tolerância com os defeitos do outro.

Ignacio punha em prática essa teoria; era um mestre em fazer com que os outros dessem o melhor de si e em fixar-se sempre mais nas virtudes que nos defeitos. Parafraseando o que diz Jack Nicholson no filme *Melhor impossível*: *Ignacio era uma dessas pessoas que nos fazem ser uma pessoa melhor.*

— Antes você me disse que também era necessário ter vontade de servir — lembrei enquanto esperávamos para atravessar a rua.

— O que quero dizer é que não podemos conseguir um objetivo como o de trabalhar em equipe se não admitimos que estamos a serviço da equipe, e não a equipe a nosso serviço. Queremos trabalhar em equipe desde que isso nos ajude em nosso trabalho — ironicamente acrescentou — e, claro, sob nenhuma hipótese nos tire o papel de protagonistas. Contudo, quando temos que nos colocar a serviço dos demais, no anonimato e por pura convicção de servir, então o objetivo de trabalhar em equipe começa a ser questionado.

— Sim, isso me parece familiar — disse, pensando em situações que me ocorriam com frequência e que confirmavam o que dizia Ignacio.

— O grande problema é que trabalhamos com muita gente *descompromissada*.

— O que você quer dizer? — perguntei, surpreso.

— Que falta comprometimento por parte da equipe. Estamos dispostos a usufruir dos benefícios de trabalhar em conjunto, mas pouca gente está em condições de comprometer-se.

Como fiquei em silêncio, Ignacio tentou explicar melhor.

— O que quero dizer, Juan, é que você só está comprometido com algo, ou com alguém, quando tem a consciência de que pode perder alguma coisa em prol de um objetivo.

— Quer dizer que você se compromete com uma equipe na medida em que está disposto a perder parte de sua liberdade e a não ser o centro das atenções, por exemplo.

— É isso aí — confirmou. — Devemos agir sempre convencidos de que só existem duas posturas nesse assunto.

— Quais? — perguntei enquanto parava um momento para colocar o agasalho que levava amarrado na cintura.

— Ou você está com a equipe, ou contra a equipe; nesse terreno não existe meio-termo.

— Isso me recorda uma história maravilhosa que, dizem, ocorreu no início da Segunda Guerra Mundial.

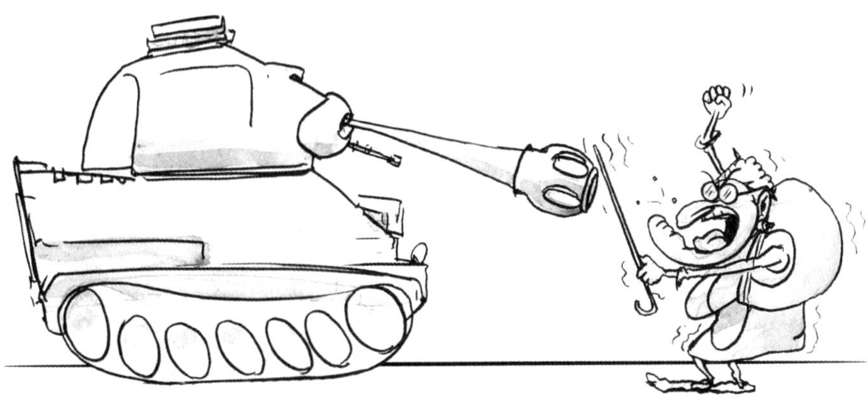

Quando os tanques de Hitler cruzaram a fronteira da Polônia sem nenhum impedimento, uma anciã polaca saiu furiosa ao encon-

tro deles, ameaçando-os com um pedaço de pau. Ao vê-la assim, um vizinho a repreendeu:

— É absurdo o que você está fazendo. Não percebe que não serve para nada?

— Serve, sim — respondeu a anciã muito segura de si. — Serve para lhes deixar bem claro de que lado estou!

— Esse tipo de gente me encanta — confessou Ignacio. — Pena que sejam tão poucos.

Já estávamos passeando fazia um bom tempo, mas, como sempre ocorre quando a gente está desfrutando de uma boa conversa com amigos, teríamos jurado que havia passado muito menos tempo do que, na verdade, transcorrera. Foi por isso que indiquei as horas a Ignacio. Nesse momento, passamos diante do Symphony Hall, em Boston, e Ignacio se deteve para ver a programação de concertos durante os dias em que estaríamos na cidade.

— Veja, Juan — disse, apontando algo num folheto que havia pegado. — O que você acha de a gente vir depois de amanhã assistir a esse concerto? É a Boston Symphony Orchestra e a Sétima Sinfonia de Beethoven.

— Maravilhoso — respondi sem hesitar e sem perceber que aquilo tinha uma segunda intenção, que com o tempo se transformaria numa lição muito útil para mim.

— Você é meu convidado — adiantou-se na hora, demonstrando a generosidade que definia seu caráter.

Havíamos começado a caminhada de volta ao hotel quando Ignacio comentou:

— Sabe de outra coisa? Sempre que venho aos Estados Unidos percebo algo muito falho em nós.

Pedi com o olhar que me dissesse.

— Somos muito desorganizados, e isso nos mata. Não somos profissionais piores, de maneira nenhuma! Apenas nos falta mais organização.

— Isso — admiti sorrindo — me lembra uma piada que me contaram faz tempo.

— Ora, conte para mim também! — suplicou Ignacio, imediatamente.

Os Infernos

Dois brasileiros morrem e vão para o inferno. Ao chegar, encontram o diabo, que lhes informa:

— Antes de vocês entrarem, queria lhes dizer que os senhores têm a possibilidade de escolher entre o inferno brasileiro e o inferno português.

Os dois se entreolham e um deles pergunta:

— O senhor poderia nos dizer qual é a diferença?

— É muito simples — explicou o diabo. — No inferno brasileiro, um ajudante meu passa todos os dias com um balde cheio de esterco e uma brocha e unta todo o corpo de vocês. Isso todos os dias.

— E no inferno português? — perguntam.

— No português acontece a mesma coisa, mas, em vez de ser todos os dias, é um dia sim e o outro, não.

Os dois brasileiros voltam a se olhar, perguntando o que fazer. Por fim, um deles diz ao diabo:

— Já decidi: vou para o inferno português.

— Eu, não — contrapôs firmemente o outro. — Sou muito patriótico, por isso, mesmo que seja pior, vou para o inferno brasileiro.

E assim as coisas são feitas. Cada um vai ao destino escolhido, escoltado por um diabo ajudante.

Muitos anos depois, os dois voltam a se encontrar.

— E aí, amigo? Como vai? — cumprimenta o que havia ido para o inferno brasileiro. — Como estão as coisas no inferno português?

— Muito bem — responde o outro com empáfia. — Um dia aparece um diabinho e nos unta com esterco; no dia seguinte, não, no outro, sim... Tudo bem. E você? Como vão as coisas para você? — pergunta, sem poder conter a curiosidade. — Terrível, não?

— Terrível? — repete com um enorme sorriso o recluso do inferno brasileiro. — Veja: quando tem esterco, falta brocha; quando tem brocha, falta esterco; e, quando tem esterco e brocha, falta o diabinho para nos untar.

Depois de soltar uma sonora gargalhada, Ignacio disse que era exatamente isso o que queria explicar.

Dois dias depois, conforme havíamos combinado, fomos ver o concerto. Foi um espetáculo magnífico. Ao sair, fomos jantar num restaurante italiano próximo ao hotel em que nos hospedamos.

— Você gosta de comida italiana? — perguntei enquanto examinava o cardápio.

— Gosto de quase tudo. Desde que esteja bem-feito, é claro.

O *mâitre*, que falava inglês com sotaque italiano muito forte, tomou nota dos pedidos e nos recomendou um bom vinho Chianti.

— Sempre que bebo Chianti lembro-me daquela cena do filme *O silêncio dos inocentes* — disse a Ignacio.

— Acontece que o tal doutor Lecter era maluco para certas coisas, mas, quando o assunto era comida e bebida, ele sabia muito bem o que fazia. Você sabe onde o Chianti é produzido?

— Na Itália — respondi.

— Sim, mas aposto que não sabe que é numa pequena região da Toscana, situada entre as províncias de Florença e Sena, e que suas garrafas são chamadas de *fiaschi*, ou também de *fiascos*, e são revestidas de palha.

— Não, não fazia nem ideia — admiti.

Isso era típico nele: sempre nos surpreendia com conhecimentos curiosos.

— Você gostou do concerto? — soltou de repente.

— Claro, foi maravilhoso.

— Suponho que tenha aprendido a lição — disse enquanto lia o rótulo da garrafa de Chianti.

— Não estou entendendo. Não sei a que você se refere.

— Quando passeávamos outro dia, sobre o que estávamos falando? — perguntou.

— Sobre trabalhar em equipe e sobre como são difíceis todas essas coisas.

— Não há melhor exemplo disso do que uma orquestra, você não acha? — disse, esperando minha resposta.

Olhei para ele por um momento, dando-me conta da intenção que aquele maravilhoso convite havia tido.

— Agora que você está dizendo, vejo que tem toda a razão.

— Já que é assim, diga-me o que você aprendeu — estimulou-me a falar, imitando meu estilo nos cursos.

— A primeira coisa que percebi, sem dúvida, é que a equipe não pode funcionar se não existe um espírito de ajuda mútua entre todos.

— Evidente. Imagine se cada um tocasse do seu jeito sem pensar no restante da orquestra! — disse, olhando-me à espera de uma resposta.

— Além disso, todos são mestres no que fazem, o que não os impede de ter a humildade de submeter-se a uma disciplina que os leva a conseguir o objetivo final. Sabem que dependem uns dos outros para ser os melhores — continuei. — Além disso, aceitam que é necessário haver um líder para coordená-los, ensaiá-los, impor-lhes normas, ajudá-los... E, para arrematar o exemplo, esse líder não toca nenhum instrumento, mas estimula e possibilita que cada um seja capaz de fazer o melhor possível — concluí enquanto o garçom me servia um espaguete à carbonara.

— Veja bem, Juan — frisou Ignacio —, se você é, por exemplo, um violino, não só deve se interessar pelo que acontece com os violinos, mas também precisa estar atento à coordenação com o restante, para facilitar a realização do projeto de todos.

Não pude responder imediatamente. O espaguete me impedia.

— Talvez — sugeri — devêssemos levar todos ao conservatório para aprender um pouco.

— Não é necessário; apenas leve-os para assistir a um concerto e proponha a eles esse raciocínio. Mas falta algo. O que pode ser?

Fiquei pensativo enquanto degustava um pouco mais de Chianti.

— Treinamento, Juan, treinamento — antecipou-se Ignacio.

— Você tem razão — concordei. — Sem treinamento duro e constante, isso não seria possível.

— Trabalhar em equipe — prosseguiu Ignacio — é algo complicado e duro. Não podemos ter sucesso na tarefa sem nos prepararmos intensamente para isso.

Naquele momento, o garçom retirou nossos pratos, o que impediu Ignacio de prosseguir. Depois de pedir nossas sobremesas e o café, continuou:

— De qualquer forma — preveniu-me —, espero que você não chegue ao extremo daquele pai que visitava o Vaticano com o filho e dispunha de apenas uma hora para fazê-lo. O pai sugeriu um plano: "Veja, filho, faremos a visita em equipe: você percorre o interior, e eu, o exterior, assim teremos visto tudo".

O restante do jantar foi, como sempre, uma conversa da qual eu só esperava uma coisa: que não acabasse.

Ao chegar ao quarto do hotel, fiz um pequeno resumo do que havia aprendido, para aproveitar os ensinamentos de Ignacio.

1. NO CLUBE DA INVEJA A ENTRADA É LIVRE; A COMPANHIA, AMPLA; O CONSUMO, GRÁTIS; E A CONVERSAÇÃO, ININTERRUPTA. MAS NÃO HÁ SAÍDA.

2. TRABALHAR EM EQUIPE É UM EXERCÍCIO CONTÍNUO DE HUMILDADE E DESEJO DE SERVIR AOS OUTROS.

3. DUAS CABEÇAS PENSAM MELHOR QUE UMA.

4. UMA DAS PREMISSAS PARA TRABALHAR EM EQUIPE É TER A SENSATEZ DE ADMITIR QUE NINGUÉM É PERFEITO.

5. DEVEMOS TER GRANDE TOLERÂNCIA COM OS DEFEITOS DO OUTRO.

6. SÓ PODEREMOS TRABALHAR EM EQUIPE SE ADMITIRMOS QUE ESTAMOS A SERVIÇO DA EQUIPE, E NÃO A EQUIPE A NOSSO SERVIÇO.

7. VOCÊ SÓ ESTÁ COMPROMETIDO COM ALGO, OU COM ALGUÉM, QUANDO ESSE COMPROMISSO SIGNIFICA QUE VOCÊ PODE PERDER ALGUMA COISA.

8. SEM TREINAMENTO DURO E CONSTANTE, NADA É POSSÍVEL.

8. Liderança

LIDERIL
VITAMINA PARA
A EMPRESA

Anos atrás, numa cidadezinha, começou a chover muito. Era tal a quantidade de água que, dois dias depois, a cidade começou a inundar. As pessoas abandonavam tristemente suas casas e seus bens para pôr-se a salvo daquela catástrofe que poderia lhes custar a vida. Apenas um antigo morador, conhecido pelas profundas crenças religiosas, recusava-se a deixar a casa onde sempre tinha vivido. As águas subiram de tal modo que o homem teve de se refugiar no telhado para não morrer afogado. Aí estava quando uma lancha do serviço de resgate chegou para levá-lo.

— Não se preocupem — gritou —, sou um crente fiel e estou seguro de que Deus me ajudará.

Os serviços de resgate foram embora sem conseguir convencer o homem a acompanhá-los. Sua fé era total.

Na manhã seguinte, a lancha voltou e obteve a mesma resposta. Contudo, os tripulantes não se deram por vencidos e regressaram horas mais tarde.

— Por favor — suplicaram —, o senhor tem que vir com a gente se não quiser morrer. A chuva não vai parar; a água acabará cobrindo toda a sua casa e o arrastará.

Mas foi impossível convencê-lo.

— Não se preocupem — repetiu —, sou um crente fiel e estou seguro de que Deus me salvará.

E aconteceu o inevitável: as águas cobriram a casa, e o homem foi arrastado e morreu afogado. São Pedro recebeu-o na entrada do Céu, para aceitá-lo de imediato no Paraíso, porque, segundo lhe explicou, havia sido um homem bom e merecia ficar lá para sempre.

Enquanto são Pedro comunicava isso ao homem, este o interrompeu:

— Perdão, o senhor permite que lhe faça uma pergunta?

— Claro, filho — respondeu são Pedro.

— Se fui tão bom e sempre acreditei na Providência Divina, por que vocês me deixaram morrer afogado na inundação, com toda a fé que eu tinha em que me salvariam?

— Deixamos você morrer afogado? — irritou-se são Pedro, muito surpreso por aquela afirmação. — Não posso acreditar que você está dizendo isso se nós lhe mandamos três vezes a lancha de salvamento e as três vezes você a rejeitou!

— Por que está nos contando essa história? — perguntou Natália.

— Por uma razão muito simples — respondi. — Porque espero que vocês se lembrem dela e percebam que a formação, em geral, é uma das *lanchas de salvamento* que a vida nos manda. Se vocês não souberem aproveitá-la, não se lamentem depois, caso *morram afogados*.

Natália era minha melhor aluna num curso que uma escola de negócios para recém-formados havia me encomendado. Ela e alguns outros alunos, depois de concluir o curso de psicologia, estavam ali em busca de conhecimentos que lhes permitissem encontrar uma posição melhor no mundo empresarial. Era nossa primeira aula, e eu pretendia deixar claro, desde o princípio, que minha disciplina não era apenas para tirar nota e cumprir carga horária, mas tão importante para sua vida profissional, ou até mais, que as dedicadas ao mundo financeiro, as autênticas "vedetes" daquele MBA.

Minha disciplina versava sobre o que — supunha-se — era minha especialidade, a liderança, e minha obsessão estava em lhes demonstrar que o bom manejo dessa habilidade imprescindível influía definitivamente nos resultados de uma empresa. Sabia que somente assim a disciplina poderia despertar o interesse da maioria.

Durante o tempo que dediquei a preparar esse curso, pensei muitas vezes em como fazê-los ver isso de forma clara e indubitável. Lembrei-me, então, de um episódio que eu havia vivido com um grande professor de matemática financeira, que, além de me ensinar essa disciplina, teve a grandeza de nos abrir os olhos para muitos outros temas. A única coisa que fiz foi repetir aquilo que tão útil havia sido para mim.

No decorrer de muitos dias, assim que entrava na sala, repetia a mesma pergunta: qual é o principal objetivo de uma empresa? Todos me respondiam: *ganhar dinheiro*. Quando a pergunta se tornou rotineira, eles respondiam até mesmo em certo tom de brincadeira.

Um dia, ao entrar na sala, e como sempre fazia, voltei a fazer a mesma pergunta e, lógico, obtive a mesma resposta. Contudo, dessa vez não continuei a aula; em vez disso, aproximei-me de um dos alunos e disse:

— Perdão, Bruno, posso lhe fazer uma pergunta?

Bruno era um dos meus alunos preferidos. O rapaz estava sempre de bom humor e era uma enciclopédia ambulante sobre o mundo do futebol.

— Claro, pois não.

— Diga-me: na sua opinião, o que é mais importante para um ser humano?

Bruno me olhou fixamente, como se não entendesse a razão de tal pergunta.

— Não sei, Juan, suponho que ser o mais feliz possível, não?

— Pode ser — admiti. — O que me espanta é que você não tenha me dito que o imprescindível para um ser humano seja **respirar**.

Todos olharam para mim e uns aos outros com cara de não ter entendido absolutamente nada.

— Vamos lá, pessoal — disse, após alguns segundos. — Todos estes dias vocês me disseram que a principal finalidade de uma empresa é ganhar dinheiro. Por quê?

Irene, outra de minhas alunas favoritas, levantou a mão para falar.

— Diga, Irene.

— Acho que é muito simples. Porque, se não ganharmos dinheiro, teremos que fechar a empresa.

— Ahá! — respondi, reafirmando o que ela havia dito. — Portanto, continuo insistindo: não sei por que vocês não me disseram que o imprescindível para um ser humano é respirar. Se não ganhamos dinheiro, a empresa morre, fechando as portas. Da mesma maneira, se um ser humano não respira, morre. Logo, deveríamos estar sempre preocupados em respirar, já que isso é que nos mantém vivos.

— Isso é ilusão — advertiu-me Natália, sentada ao lado da inseparável amiga Irene.

— Por quê? — estimulei-a logo, para que continuasse o raciocínio.

— Porque respirar é um ato reflexo. Quando nascemos, ninguém precisa nos ensinar; respiramos imediatamente.

— Muito bem, Natália — respondi. — Ou seja, é algo tão importante que está entranhado no mais íntimo de nós mesmos. Portanto, não precisamos que ninguém nos lembre disso constantemente. Estou certo de que vocês não conhecem ninguém que se levante pela manhã, ajoelhe-se e peça a Deus que não o deixe se esquecer de respirar durante o dia.

Todos riram. Esta é uma das vantagens de dar cursos a jovens: é um público que sempre reage.

— O que quero dizer é que, embora eu lhes ensine liderança, nunca me esqueço de que tudo deve estar focado na maximização do lucro. Contudo, lembro que, se vocês querem continuar respirando por muitos anos, é importante que comam bem, façam exercícios físicos, deixem de fumar etc. A liderança representa o mesmo para o lucro empresarial: a melhor comida, o melhor exercício e a melhor vitamina.

De repente, uma voz se ouviu ao fundo da sala.

— Seria bom se você recordasse à classe a questão do planejamento financeiro. Não acho que esteja muito de acordo com essa teoria.

Quem dizia aquilo era Gustavo, que todos chamavam de Guto. Um filósofo interessado em assuntos empresariais que sempre nos oferecia um enfoque inteligente.

— Guto — eu disse —, o dia que você não reivindicar algo, na certa estará doente.

— É possível — respondeu com ironia.

— Bem, continuemos — propus. — Posso lhes contar uma pequena história? Outro dia, lendo um livro do psicoterapeuta argentino Jorge Bucay, me chamou a atenção uma história que ele contou e que, penso, nos vem a calhar para falar de liderança:

A BORBOLETA

Minha mãe era filha de um casal de camponeses.

Nasceu e cresceu no campo entre animais, pássaros e flores. Ela nos contou que numa manhã, enquanto passeava pela floresta recolhendo galhos caídos para acender o fogão, viu um casulo pendurado num tronco partido. Achou que seria mais seguro para a pobre larva levá-la para casa e tomar conta dela. Ao chegar, colocou-a sob uma lâmpada, para que ficasse aquecida, e perto de uma janela, para que não lhe faltasse ar. Durante as horas seguintes, minha mãe permaneceu ao lado da protegida, esperando o grande momento. Após uma longa espera, que não terminou antes da manhã seguinte, a jo-

venzinha viu o casulo se rasgar e uma patinha comprida e aveludada sair de dentro dele. Tudo era mágico, e minha mãe nos contava que tinha a sensação de estar presenciando um milagre. Mas, de repente, o milagre pareceu transformar-se em tragédia. A pequena borboleta parecia não ter força suficiente para romper o tecido de sua cápsula. Por mais força que fizesse, não conseguia sair pela pequena perfuração de sua casinha temporária. Minha mãe não podia ficar de braços cruzados. Correu para o depósito de ferramentas e voltou com um par de pinças delicadas e uma tesoura longa, fina e afiada que minha avó usava no bordado. Com muito cuidado, para não tocar o inseto, foi recortando uma janela no casulo, para permitir que a borboleta saísse de sua prisão. Depois de alguns minutos de angústia, a pobre borboleta conseguiu deixar o cárcere para trás e cambaleou na direção da janela iluminada. Conta minha mãe que, emocionada, abriu a janela para ajudar a recém-chegada a lançar-se em seu voo inaugural. No entanto, a borboleta não saiu voando, nem sequer quando a ponta das pinças a roçou suavemente. Minha mãe achou que estava assustada com sua presença e a deixou ao lado da janela aberta, cer-

ta de que não a encontraria ao regressar. Depois de brincar a tarde inteira, minha mãe voltou ao quarto e encontrou ao lado da janela a borboleta imóvel, as asinhas grudadas no corpo e as patinhas esticadas para o teto. Minha mãe sempre nos contava a angústia com que foi levar o inseto ao pai, para lhe contar todo o acontecido e perguntar o que deveria ter feito para ajudá-la melhor. Meu avô, que, parece, era um desses sábios analfabetos que andam pelo mundo, acariciou-lhe a cabeça e disse que não havia nada mais que devesse ter feito, que na verdade a melhor ajuda teria sido fazer menos, e não mais.

Para poder viver, as borboletas precisam desse enorme esforço para romper sua prisão, porque durante esses instantes, explicou meu avô, o coração bate com muitíssima força e a pressão que gera em seu primitivo sistema circulatório injeta sangue nas asas, que assim se expandem e se tornam capazes de voar. A borboleta que foi ajudada a sair do casulo nunca pôde expandir as asas, porque minha mãe não a havia deixado lutar pela vida. Minha mãe sempre nos dizia que, muitas vezes, tinha tido vontade de facilitar o caminho para nós, mas lembrava-se da borboleta e preferia deixar que a força de nosso próprio coração injetasse sangue em nossas asas.

— Um pouco reacionária essa história, não acha? — criticou Guto.

— Guto! — disse com paciência. — Pare de politizar tudo de uma vez por todas e diga-me por que você acha que lhes contei essa história.

— Hum... Para que os líderes se mantenham longe das borboletas quando estas estiverem prestes a nascer — ironizou.

Como era habitual, todos riram.

— Guto! Faça o favor de falar sério — pedi, tentando dissimular o sorriso.

— Está bem, está bem. Acho que a história tem duas leituras. A primeira é que liderar não significa fazer as coisas pelos outros. O líder nos ajuda, mas não nos substitui. A menina fez bem em levar o casulo da borboleta para casa, pois de outra forma o inseto teria morrido, mas depois se empolgou demais e tentou fazer o que cabia à borboleta.

— Ou seja... — animei-o a continuar.

— No mundo empresarial, quando couber a nós liderar, o que devemos fazer é ajudar nossa equipe a atingir as próprias metas, mas deixando que *eles* as alcancem.

— Muito bem, Guto. Quem acrescenta algo?

— Não terminei — protestou Guto.

— Já sei, mas os demais também devem intervir. Depois você continua.

Bruno levantou a mão.

— Acho que o grande objetivo de um Líder, com maiúscula, é fazer com que sua equipe seja a melhor, e isso você só consegue se deixar que o talento de cada um se desenvolva.

— Parece perfeito o que você disse, Bruno, mas, pensando na história da borboleta, qual condição é totalmente imprescindível para que isso ocorra?

— Suponho que o esforço, certo? — afirmou Bruno.

— Muito bem, mas que tipo de esforço? — perguntei.

— Não entendo o que você quer dizer — disse.

Os demais, aparentemente, tampouco sabiam o que responder.

— Veja só, pessoal, o que quero dizer é que não estou falando apenas de fazer um grande esforço em um momento pontual. Para que os liderados alcancem as metas que vocês estabelecerem para eles, o esforço deverá ser contínuo, permanente, constante, e este é o desafio do líder: ajudar os liderados a manter o esforço.

— Se voltarmos ao exemplo da borboleta — observou Natália —, o que você quer dizer é que não basta fazer esse grande esforço para *sair do casulo*...

— Não basta fazer um grande esforço e concluir este MBA — soltei, interrompendo-a.

Ela sorriu, entendendo a intenção do meu comentário.

— O que você queria dizer — continuou argumentando — é que depois é preciso voar todos os dias, e isso significa que devemos bater as asas para conseguir, e não achar que outros vão batê-las por nós.

— Perfeito, Natália, perfeito. Vocês devem fazer o esforço de concluir este curso, mas isso nada mais é que o princípio de um caminho no qual, todos os dias, vocês deverão manter essa constância.

Às vezes continuava me surpreendendo ao ver que, mesmo tão jovens, eles misturavam muito bem o ímpeto da juventude e a maturidade nos pontos de vista.

— Qual é a missão do líder, então? — perguntou Irene, com certo espírito de desafio.

— Já falaremos desse assunto — respondi. — O que eu queria agora é que vocês vissem que é impossível que alguém nos lidere se não dermos tudo de nós. Posso ajudá-lo a ter a melhor técnica para que faça as coisas melhor, e colocar todo tipo de ferramentas ao seu alcance, mas quem tem a responsabilidade de utilizá-las e esforçar-se em alcançar a meta é você.

— Ou seja: há pessoas que não podem ou não querem ser lideradas — concluiu imediatamente Guto.

— Com certeza — confirmei suas palavras. — O primeiro requisito para que a liderança funcione é que as pessoas que estejam sendo lideradas queiram sê-lo e contribuam para que isso aconteça. Se me dedico o dia inteiro a puxar o seu tapete, é impossível conseguir qualquer coisa.

Sabia que essas palavras os fariam refletir sobre algum comportamento próprio não isento desse pecado.

— Então — insistiu Bruno —, voltemos à questão do compromisso. Não é apenas o líder que deve estar comprometido com o projeto, mas todos e cada um de nós.

— Exato — respondi.

— Mas é o líder quem deve tentar fazer com que nos comprometamos — concluiu Bruno.

— Sem dúvida. O que acontece, insisto, é que, para que isso ocorra, preciso ter uma atitude favorável. Caso contrário, a tarefa do líder se torna impossível. Para tentar explicar isso, vou lhes contar uma pequena história muito antiga e bastante utilizada.

O Porco e a Galinha

Certo dia, um fazendeiro e o filho estavam comendo ovos fritos com bacon.

— Que delícia, papai!

— É mesmo, Luís, é um manjar dos deuses.

— E que bom que nós temos em casa os animais que nos dão os ingredientes para poder desfrutar deste prato — recordou Luís.

— É verdade, você tem razão. Mas perceba que uns contribuem mais do que os outros para esta refeição — acrescentou o pai.

— O que você quer dizer?

— Veja só. Para que você esteja comendo este prato, o porco teve de morrer, mas a galinha continua cacarejando no terreiro.

— É verdade — admitiu Luís, enquanto continuava comendo.

*— Então, agora você já sabe, e não se esqueça mais: neste prato, a galinha **colabora** e o porco se **compromete**.*

De novo risadas... E de novo Guto:

— Já que é assim, não quero me comprometer com nada.

— Guto — observou Bruno com o sarcasmo —, mas aí teremos que ir a um curso de cacarejos, não vai dar...

Foi nesse momento que Irene deu uma palmadinha na nuca dos dois.

— Bem, chega de gracinhas, terminou a aula. Até a semana que vem.

A aula seguinte começou com um protesto.

— Por que devemos aceitar como verdade tudo o que vocês nos dizem? — interveio Guto, praticamente sem me dar tempo de depositar a pasta sobre a mesa.

— Eu não pretendo isso. Pretendo que reflitamos e apliquemos as conclusões para que vocês construam o próprio modelo, o qual, como lhes digo sempre, é o único que vai funcionar para vocês.

— Sei, sei, mas você sempre vem com conselhos e frases do tipo "Tomem cuidado com isso, tomem cuidado com aquilo"...

— Ouça essa história — disse, sem deixá-lo terminar.

O PORCO E A VACA

Certo dia, um executivo saiu para passear com seu carro novo. Para aproveitar melhor o passeio, decidiu ir por uma estrada mais tranquila, porém com mais curvas. Em determinado momento, viu que outro carro saía de repente, derrapando após uma curva sem visibilidade. Assustou-se muito e pensou que iam bater. Exatamente no instante em que os dois carros iam se cruzar, o motorista do outro veículo conseguiu controlá-lo e colocar-se outra vez na pista. Ao passar próximo ao carro do executivo, o outro motorista, uma mulher, gritou para ele: porco!

Ele não podia acreditar: ela o havia insultado! Sem hesitar um instante, ele devolveu o insulto: vaca!

Assim, o executivo continuou seu caminho e imediatamente teve de entrar na curva de onde havia saído o outro carro... Foi nesse momento que bateu no porco que estava bem no meio da estrada.

— Certo, certo. Já entendi, não é necessário que você me explique — afirmou Guto.

— Só me deixe dizer uma coisa — pedi a Guto. — Outro dia Bruno falou do compromisso, e o compromisso é o triunfo do **bem-ser** sobre o **bem-estar**.

— E o que isso tem a ver com o que eu disse? — Guto voltou a protestar.

— Muito mais do que você pensa. Veja: quando peço que vocês tenham cuidado com algo ou faço alguma recomendação, meu objetivo é que vocês tenham todos os elementos possíveis para que, como disse, construam um modelo no qual acreditem.

— E? — suspirou Guto.

— O que me preocupa é que esse modelo se baseie em escolher o mais cômodo, não o melhor. Se lhes digo que tenham cuidado com algo, não é apenas para protegê-los, mas para adverti-los. Isto é, para que no final não triunfe o **bem-estar** sobre o **bem-ser**.

Estava claro que eu não havia convencido Guto por completo.

— Juan! — chamou-me Margareth.

Margareth era outra aluna magnífica do curso. Ela havia se formado em administração de empresas.

— Posso lhe fazer uma pergunta? Na faculdade tive que ler vários livros sobre liderança. Na minha opinião, parece impossível alguém ter todas as qualidades que esses livros apontam como necessárias para ser um líder. Nem o super-homem em seus melhores momentos consegue. Existe alguma receita que sintetize tudo isso?

— Você tem razão, se precisássemos desenvolver tudo o que os livros dizem sobre o comportamento que um líder deve ter...

Na minha opinião, existe uma síntese muito clara que, aliás, já expus num livro que escrevi e que vocês pelo jeito não leram.

— Imagine! — desculpou-se Bruno. — Acontece que não nos lembramos bem.

— Claro, claro! Não havia me dado conta desse detalhe — disse, embarcando na sua brincadeira. — De qualquer modo, escreverei a ideia no quadro-negro, para que vocês tomem nota e não se esqueçam mais:

— Quem me traduz isso? — disse, lançando um olhar rápido pela sala.

— Os resultados? — sugeriu Margareth. — A liderança é medida pelos resultados?

— Não tenha a menor dúvida — respondi. — O que me deram e em que transformei isso. Essa é a medida da minha liderança. Com a boca todo mundo é líder; com os feitos a coisa muda.

— Mas, então — Guto deduziu —, vale tudo para conseguir o resultado que você pretende. Até mesmo destruir quem está ao lado.

— Poderia parecer isso, mas não é assim de modo nenhum. Para isso existem os valores nos quais fundamento meu estilo. Esse é o código que limitará meus atos, para que eu não seja um imoral ao perseguir o resultado. Por essa razão, é fundamental tornar visíveis os valores sobre os quais se sustentará nosso projeto.

— Concordo — confirmou Margareth —, mas no mundo real nos exigem resultados, e isso às vezes faz com que muita gente prefira o resultado à obediência aos valores.

— É verdade — respondi —, mas também é certo que isso só vai funcionar (e mesmo assim nem sempre) no curto prazo. No médio e no longo prazo, a realidade demonstra que um comportamento de descaso para com os seres humanos que o ajudam a alcançar as metas não consegue nada mais que fracassos. E, para completar, também consegue a rejeição das pessoas com quem se trabalha, e isso, para mim, já é castigo suficiente.

— Então, tudo o que li sobre liderança é falso? — insistiu Margareth.

— Não, não, de jeito nenhum. Deixe-me explicar. Imagine que sua missão seja construir uma estante com uma equipe. Sua capacidade como líder será demonstrada à medida que essa estante estiver sendo construída; isso demonstrará que você soube utilizar os recursos da melhor forma possível. Mas isso não é suficiente. Também é necessário que sua equipe, depois desse projeto, esteja mais unida, mais motivada e tenha mais e melhores capacidades para fazer novas e melhores estantes. Concorda?

Margareth me olhou como se esperasse algo mais.

— Para que as coisas sejam melhores e mais fáceis nesse trajeto — prossegui —, você deve saber escolher as melhores ferramentas possíveis como líder (comunicação, persuasão etc.), isto é, todas essas coisas que os livros citam e que são importantíssimas. Mas também deve escolhê-las para sua equipe (dotá-la da técnica e da paixão necessárias para que faça o que deve ser feito) e utilizar todas elas na construção da estante. No fim do projeto, você poderá dizer que transformou o que lhe deram em algo melhor; isso, e somente isso, é **liderança**.

— Então, devemos fugir daquelas pessoas de palavra fácil e poucos resultados — observou Bruno.

— A demagogia sempre é fácil; difícil é colocar-se diante de um projeto e uma equipe e ser capaz de fazê-la alcançar, no maior grau possível, tudo que dissemos. Vocês concordam? — perguntei.

Todos concordaram.

— Muito bem — finalizei, recolhendo meus papéis. — Para amanhã quero um resumo dos últimos dias. Quero saber o que vocês aprenderam.

— Que é muito difícil fazer uma estante! — exclamaram Bruno e Guto ao mesmo tempo.

1. A FORMAÇÃO, EM GERAL, É UMA DAS LANCHAS DE SALVAMENTO QUE A VIDA NOS MANDA. SE NÃO SOUBERMOS APROVEITÁ-LA, É MUITO POSSÍVEL QUE MORRAMOS AFOGADOS.

2. A LIDERANÇA É, PARA O LUCRO EMPRESARIAL, A MELHOR COMIDA, O MELHOR EXERCÍCIO E A MELHOR VITAMINA.

3. LIDERAR É AJUDAR NOSSA EQUIPE A CONSEGUIR AS PRÓPRIAS METAS, MAS DEIXANDO QUE ELES A ALCANCEM.

4. É IMPOSSÍVEL QUE ALGUÉM NOS LIDERE SE NÃO QUEREMOS QUE ISSO ACONTEÇA. HÁ PESSOAS QUE NÃO MERECEM SER LIDERADAS.

5. NÃO SÓ O LÍDER DEVE ESTAR COMPROMETIDO COM O PROJETO, MAS TODOS E CADA UM DE NÓS.

6. O COMPROMISSO É O TRIUNFO DO BEM-SER SOBRE O BEM-ESTAR.

7. NÃO SE MEDE A CAPACIDADE DE UM LÍDER PERGUNTANDO QUEM ELE É, MAS EM QUEM ELE É CAPAZ DE TRANSFORMAR SUA EQUIPE.

8. OS VALORES SOBRE OS QUAIS FUNDAMENTO MEU ESTILO SÃO O CÓDIGO QUE LIMITARÁ MEUS ATOS NA BUSCA DO RESULTADO.

9. O DESCASO COM OS SERES HUMANOS QUE O AJUDAM A ALCANÇAR AS METAS NÃO CONSEGUE NADA ALÉM DE FRACASSO. ADEMAIS, O DESPREZO DAS PESSOAS COM QUEM VOCÊ TRABALHA JÁ É CASTIGO SUFICIENTE.

10. FUJAMOS DAQUELAS PESSOAS DE PALAVRA FÁCIL E POUCOS RESULTADOS.

Quero, neste espaço, recordar todas aquelas pessoas que me ajudaram, de uma maneira ou de outra, na elaboração deste livro. A todas elas, meu agradecimento e meu carinho.

Em primeiro lugar, a todos os meus filhos. A Pablo, pelo constante incentivo e pela paciência ao ler várias vezes meus originais e pelos bons conselhos. A Borja, por acreditar em mim tanto quanto em seu time de futebol do coração e pelo apoio incondicional. A Natália, pela fé em mim e pela ajuda, incentivando-me sempre. A Rocío, por dizer sempre a palavra adequada no momento oportuno. A Andrea, por inspirar-me os personagens mais apaixonantes. A Juan, por aguentar estoicamente minhas horas de ausência escrevendo este livro enquanto esperava por seu nascimento.

A meus irmãos Pepo e Fernando, de quem sempre tenho o melhor apoio que se possa imaginar. E com este livro não foi diferente.

A meu amigo, para não dizer irmão, Carlos Ladaria, de quem sempre recebo conselhos úteis e com quem sempre aprendo algo. Obrigado por ser como é.

A Santiago Álvarez de Mon, o Mestre com maiúscula, por me presentear com um prólogo que fez este livro subir um degrau.

A Juanjo Nieto, meu sócio e, sobretudo, meu amigo, por acreditar em mim mais do que eu mesmo e brindar-me com seu apoio, confiança e afeto.

A Ignacio Baeza, meu sócio e, sobretudo, meu amigo, pela lição constante de ânimo e seus bons conselhos.

A Alex Olhovich, pela ajuda e permanente confiança em mim.

A Josemi Valle, meu companheiro de fadigas literárias, bom amigo e melhor conselheiro nessas questões, por toda a ajuda.

A Miguel Sanz, que depois de muitos anos continua sempre me dando os melhores conselhos... e novamente foi assim neste livro.

A Ángel Córdoba, pelo incentivo entusiasmante e apoio.

A Pablo Puszczalo, pelos bons conselhos e pela amizade.

A Alejandro Decinti, que, além de ser um grande professor de pintura, me brindou com sua genialidade ao ilustrar este livro.

A Rabel Cabarcos, por seu incentivo e conselhos desde o primeiro esboço.

E, enfim, a todos aqueles que de uma maneira ou de outra me presenteiam diariamente com aquilo de que tanto necessitamos para viver felizes: a amizade.

Este livro foi impresso pela Paulus Gráfica
em papel *offset* 90 g.